中国学生成长速读书

总策划／邢涛　主编／龚勋

游遍世界

（中国学生最想去的100个最美的地方）

U0676660

汕头大学出版社

游 遍 世 界・中国学生最想去的100个最美的地方

THE GUIDING TOUR AROUND WHOLE WORLD

FOREWORD

前言

　　旅游是一种放松心情、洗涤心灵的绝佳方式。只需跨出一步，您便会发现一个完全不同的世界。这里有文明的遗泽，它们曾在风沙中褪尽繁华，凋萎成平川、草场或沙漠，又因为偶然的机遇得到发掘，突然绽放出夺目的光辉，提示着曾经的往事。这里也有历史古老的城郭，文化与风景在漫长的岁月里融合，无论是皇家建筑、贵族园林，还是民间房舍，都昭显着深厚的文化底蕴。这里还有动人心魄的自然奇观，它们是大自然在广袤土地上造就的神奇。

　　也许您还没有做好出发的准备，所以我们编写了这本《游遍世界·中国学生最想去的100个最美的地方》。本书专为热爱旅游、渴望了解世界风情的青少年打造，它大大有别于以往的旅游手册，因为它按洲分章，以国家为单元，将旅游景点、风味美食、历史故事、文化传统、民俗节日、奇闻逸事熔为一炉，内容新颖、结构清晰、图片丰富，为读者建立了一个较为全面的知识框架。它囊括了25个国家的著名旅游景点，使您能够方便、快捷地对世界美景有一个全面的认识与了解。金碧辉煌的凡尔赛宫、历尽沧桑的吴哥古迹、雄伟气派的美国白宫、风光无限的亚马孙河、阳光灿烂的澳洲海岸、美轮美奂的玉佛寺……它们将会给您带来身临其境般的视觉感受。书中既有大量的实景照片，也有根据历史资料精心绘制的手绘插图，读完此书，就如同进行了一次别开生面的世界旅行。

　　我们相信，《游遍世界·中国学生最想去的100个最美的地方》不仅是一部可供轻松阅读的旅游读物，更是一座收藏梦想的精神家园！

如何使用本书

《游遍世界·中国学生最想去的100个最美的地方》一书的编撰宗旨在于"游世界，长见识"。本书集旅游与知识为一体，介绍了世界上25个国家的旅游景点。本书分为欧洲、亚洲、非洲、北美洲、南美洲、大洋洲六章，以国家为单元，将地理位置、行政区划、风味美食、历史故事、文化传统、民俗节日、旅游景点、奇闻逸事熔为一炉，为读者建立了一个较为全面的知识框架。

书眉
双数页书眉标有本书的书名，单数页书眉提示国家名称。

主标题
国家名称。

主标题文字
主标题下的文字是对一个国家的简要介绍，风格轻松活泼，力求引人入胜。

辅标题
与主标题内容相关的地理位置、民风民俗、旅游景点的名称。

辅标题文字
主要介绍这个国家的地理位置、行政区划、风味美食、文化传统、民俗节日和旅游景点。

英国

英国位于欧洲大陆西北，当地人常说自己的国家是"四个民族、一个王国"。"一个王国"就是联合王国，"四个民族"就是今天的英格兰人、苏格兰人、威尔士人和爱尔兰人。

孤悬于大陆之外的岛国

英国由大不列颠岛和爱尔兰岛东北部及附近许多岛屿组成，境内多山岭丘地，隔北海、多佛尔海峡和英吉利海峡同欧洲大陆相望，是一个孤悬于大陆之外的岛国。它东濒北海，面对比利时、荷兰、德国、丹麦和挪威等国；西临爱尔兰，横隔大西洋与美国、加拿大遥遥相对；北过大西洋可达冰岛；向南穿过英吉利海峡就到了法国。

英国田园风光

区域→郡→市

英国划分为英格兰、威尔士、苏格兰和北爱尔兰4个区域。每一区域又各自分为若干个郡（或区）和市。英格兰被划分为9个行政区，即：英格兰东北、英格兰西北、约克郡与亨伯、东密德兰、西密德兰、东英格兰、大伦敦、英格兰东南、英格兰西南。苏格兰包括了32个自治市，威尔士有22个自治市，北爱尔兰有24个自治市及6个郡。

整个英国被划分为4个区域。

国家档案馆	
正式名称	大不列颠及北爱尔兰联合王国
首 都	伦敦
面 积	243600平方千米
人 口	5983.43万(2004年)
官方语言	英语

图片

反映本章特色的大幅插图，传递一个地区的自然与人文特征。

篇章内容概述

凝练的文字介绍，概括这一章的基本情况。

WORLD CULTURE
& NATURE HERITAGE

第四章
北美洲

英式下午茶

从19世纪开始，英国上流社会的绅士名媛们就开始盛行喝下午茶。英国人热爱红茶的程度举世闻名。在日常生活中，当地人经常饮用英国早餐茶及伯爵茶。其中，英国早餐茶又名开眼茶，精选印度、锡兰、肯亚各地出产的红茶调制而成，气味浓郁，最适合早晨起床后享用。伯爵茶则以中国茶为基础，加入佛手柑调制而成，香气特殊，风行于欧洲的上流社会。

英式下午茶举世闻名。

名人堂

克伦威尔（1599年～1658年）：克伦威尔是英国资产阶级革命的主要领导人，英国内战时期的军事统帅。他治军严明，创建了英国历史上第一支正规军，并远征苏格兰、荷兰，为英国夺取海上霸主地位奠定了基础。

英国人的传统服饰

在某些特定的正式场合，英国人会穿着传统服装。比如：法院正式开庭时，法官会头戴假发，身穿黑袍。在教堂做礼拜时，牧师要穿上长袍。每届国会开幕，女王前往致词时，会头戴珠光闪烁的王冠，随行的王宫女侍都身着白色的长裙礼服。王宫卫士会身穿鲜红的短外衣、黄色束腰，头戴高筒黑皮帽。伦敦塔楼的卫士通常身穿黑衣，上绣红色王冠。近卫骑兵则是一身黑衣，另配白马裤、黑长靴、白手套，头戴银盔，上面飘着高高的红穗，看上去英姿勃勃。

身穿传统服饰的伦敦塔守卫

热爱球类运动的民族

英国人非常热爱球类运动，他们促进了西方足球运动的发展。早在12世纪，英国的足球运动就已经十分普遍，而今天风靡世界的橄榄球也起源于英国。据说，橄榄球来源于一次犯规动作，但久而久之，就逐渐被人们所接受，成为了球场上的合法行动。于是，一项有利于身体全面发展的新的运动项目——橄榄球，就从足球运动中派生出来了。

图片

图片包括示意图、手绘图和实物图三种，精美上乘，代表性强。

图注

对图片内容及其背景作出详细介绍，把图和文字有机联系起来。

小资料

小资料分为三种形式：一是"国家档案馆"，列出这个国家的基本数据。二是"名人堂"或"时空隧道"："名人堂"是对这个国家出现的著名人物的生平简介；"时空隧道"是对这个国家历史上发生的重大事件的简要介绍。在介绍每个国家的篇章的末尾出现第三种小资料，它专门介绍这个国家独具特色的民俗或最新的知识。

目录
CONTENTS

Part 1 Europe
第一章 欧洲

在这"鲜花盛开的地方"，有梦幻般美丽的宫殿和教堂，它们使这片古老的土地充满了浪漫与骄傲。

俄罗斯...................10

芬兰...................20

丹麦...................24

英国...................28

德国...................38

荷兰...................48

捷克...................52

奥地利...................56

Part 2 Asia
第二章 亚洲

在这"日出的地方"，集中了古中国、古印度、古巴比伦等文明古国，它们积极推动了世界文化的发展。

日本...................64

韩国...................72

土耳其...................76

印度...................82

伊拉克...................88

以色列...................92

菲律宾...................96

马来西亚...................100

Part 3 Africa
第三章 非洲

非洲历史悠久，是人类文明的发源地之一，其灿烂的
文化、丰富的资源，成为世界文明的宝贵遗产。

突尼斯............................106

南非..............................110

Part 4 North America
第四章 北美洲

北美洲是北亚美利加洲的简称，在这片广阔的土地上，分布
着大量的世界文化与自然遗产。

加拿大............................116

美国..............................122

Part 5 South America
第五章 南美洲

南美洲有神秘美丽的热带雨林、热情奔放的桑巴舞蹈、闻名世
界的足球文化……这里的原始激情吸引了世界各地的游人。

墨西哥............................134

巴西..............................138

秘鲁..............................142

阿根廷............................146

Part 6 Oceania
第六章 大洋洲

大洋洲有世界上最大的岛屿群,其独特的地理位
置使这里的旅游景点以自然景观为主。

澳大利亚..........................152

THE GUIDING
TOUR AROUND WHOLE
WORLD

游遍世界·中国学生最想去的100个最美的地方

第一章

欧洲

欧洲，欧罗巴洲的简称，意为"鲜花盛开的地方"。这块拥有美丽名字的土地，是哲学与艺术的故乡。这里有一座座梦幻般的美丽宫殿，有承载了人类爱与信仰的大教堂，有吸引了无数钦敬目光的古希腊神庙……这些灿若晨星的文明史迹，使这片古老的土地充满了浪漫与骄傲。到目前为止，欧洲共有44个国家或地区分布有世界遗产，是世界遗产分布密度最高的地区。而且，欧洲发达的交通网络和舒适便捷的服务设施，正在带动越来越多的人前往当地旅游，使欧洲成为了全世界最为热门的观光胜地之一。

俄罗斯

俄罗斯历史悠久、地域广阔、文化深厚、风俗各异，绚丽的自然风光和众多的名胜古迹展示了它独具魅力的异国情调。

地跨欧亚

俄罗斯是世界上国土面积最大的国家。它位于欧洲东部、亚洲北部，地跨欧亚两洲，北濒北冰洋，东临太平洋，邻国有挪威、芬兰、波兰、中国、蒙古、朝鲜等。俄罗斯境内东高西低，国土的70%为平原和低地。大高加索山脉坐落于南部，主峰厄尔布鲁士山海拔5642米，是全国也是全欧洲的最高峰。境内河流湖泊众多，其中，贝加尔湖深1637米，是世界上最深的淡水湖。

俄罗斯地跨欧亚，是世界上国土面积最大的国家。

联邦区→联邦主体

俄罗斯的行政区划分为联邦区和联邦主体。俄罗斯由7个联邦区组成，包括88个联邦主体，联邦主体中又包括21个共和国、7个边疆区、48个州、1个自治州、2个联邦直辖市、9个民族自治区。

俄罗斯由7个联邦区组成。

国家档案馆	
正式名称	俄罗斯联邦
首　都	莫斯科
面　积	17075400平方千米
人　口	1.427亿(2006年)
官方语言	俄语

"生命之水"

伏特加是一种烈性酒，以甘醇清冽的味道和与众不同的香气闻名于世，它的名字源于俄文的"生命之水"一词。在俄罗斯的任何场合，你都可以看到痛饮伏特加的人们。有人说，伏特加就是俄罗斯历史的见证，它伴随着俄罗斯人经历了沙俄统治、十月革命、卫国战争，以及苏联解体。据说，在第二次世界大战中，苏联军队给士兵的奖励就是每天100克伏特加酒。

伏特加被誉为俄罗斯的"生命之水"。

列宁在群众集会上发表演说。

时空隧道

俄国十月革命：1917年11月7日（俄历10月25日），俄国爆发了十月革命。俄国无产阶级在以列宁为首的布尔什维克的领导下，成功地建立起了世界上第一个无产阶级专政的社会主义国家——苏维埃社会主义共和国联盟。

俄罗斯芭蕾

芭蕾是俄罗斯文化宝库中一颗灿烂耀眼的明珠，它轻盈、飘逸，超凡脱俗，在人们的心目中是优雅与高贵的象征。19世纪下半叶，由俄罗斯作曲家柴科夫斯基谱写的《天鹅湖》成为了芭蕾舞剧中不朽的经典，从此使俄罗斯成了芭蕾的代名词。20世纪，在俄罗斯出现了一批优秀的舞蹈艺术家，她们用优美的形体语言将芭蕾带入了鼎盛时期。安娜·巴普诺娃、加琳娜·乌兰诺娃、马娅·普里谢茨卡娅等俄罗斯著名舞蹈家的名字已经永远载入了世界芭蕾艺术的史册。

谢肉节

谢肉节又名"狂欢节"，是俄罗斯一年中最热闹的节日之一。举办谢肉节的时间在复活节过后的第8周，一共有7天，每一天都有不同的名称：第1天为迎节日，第2天为始欢日，第3天为大宴狂欢日，第4天为拳赛日，第5天为岳母晚会日，第6天为小姑子聚会日，第7天为送别日。人们会在谢肉节期间举行各种娱乐活动，比如举办化装晚会、跳假面舞等等。

芭蕾诞生于法国，鼎盛于俄罗斯。

俄罗斯的艺术宝库

在俄罗斯首都莫斯科的市中心，有一组气宇轩昂的建筑——克里姆林宫。"克里姆林"在俄语中意为"内城"，它原来是俄国历代帝王的宫殿，

宁静美丽的克里姆林宫

在十月革命后的七十余年中成了苏联举行国家政治活动的场所。克里姆林宫这一片以教堂为主的建筑群，占地面积广阔，是俄罗斯文化的象征，其高贵典雅、美丽壮观的建筑组成了莫斯科极具特色的城市景观。

克里姆林宫内的主体建筑

大克里姆林宫是克里姆林宫内的主体建筑，它位于整个建筑群的西侧，建于1839～1849年，外观和俄罗斯的其他古典建筑很相似，内部则是长方形，楼上有露台环绕。宫中一共有700个房间，间间精致华美、富丽堂皇。宫殿的正中有装饰着各种花纹图案的阁楼，上面是一个高高的紫铜圆顶，并立有旗杆。今天的大克里姆林宫已经成为了俄罗斯联邦政府的所在地。

大克里姆林宫是克里姆林宫建筑群的一部分。

克里姆林宫中有许多装饰华美的厅堂。

巧夺天工的建筑杰作

格奥尔基耶夫大厅是克里姆林宫中最为著名的厅堂，也是俄罗斯工匠用巧夺天工的技艺打造的建筑杰作。大厅呈椭圆形，圆顶上挂着6个镀金吊灯，把整个房间映照得金碧辉煌。圆顶和四周的墙壁上绘有巨幅壁画，内容反映的是15～19世纪时俄罗斯军队赢得胜利的各场战役。大厅正面有18根圆柱，柱顶均塑有象征胜利的雕像，气势宏伟。如今，格奥尔基耶夫大厅是政府举行欢迎仪式的地点。

艺术的殿堂

克里姆林宫中原有一个武器库，1720年，彼得大帝将它改建成了珍宝馆。馆内收藏着许多珍贵文物，有历代沙皇用过的物品、美术工艺品，以及掠夺而来的战利品。信步宫中，宛如目睹沙皇往日的奢侈生活，这里的皇冠、神像、十字架、盔甲、礼服和餐具无不镶满宝石，仅一本福音书的封面就用了26千克的黄金来装饰。这些都使克里姆林宫珍宝馆成为了一座艺术的殿堂。

制作精美考究的圣经书匣

莫斯科红场

莫斯科最古老的广场

红场位于克里姆林宫东墙的一侧，是莫斯科最古老的广场。在俄语中，"红色"一词有"美丽"之意。虽然经历了多次改建，但红场仍然保持了原样，路面还是当年的石块路，青光发亮，显得整洁而古朴。广场总面积为9万平方米，呈长方形，南北宽，东西窄。1917年十月革命胜利以后，莫斯科成为首都，红场就成为了人民群众举行庆祝活动、集会和阅兵的地方。

"用石头描绘的童话"

圣瓦西里大教堂

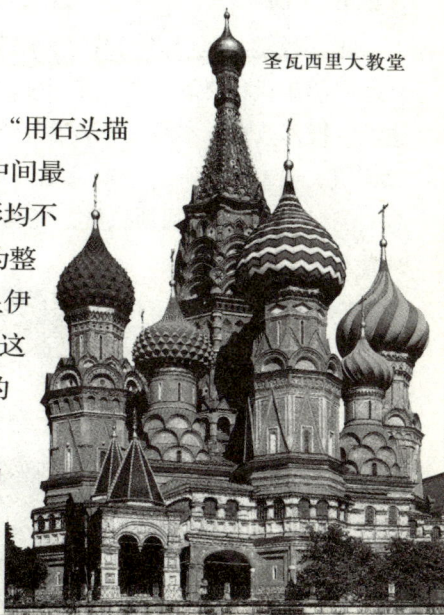

矗立在红场上的圣瓦西里大教堂，被称为"用石头描绘的童话"，它由9座参差不齐的高塔组成，中间最高的方形塔高达17米。这9座塔彼此的式样色彩均不相同，与克里姆林宫搭配出一种特别的情调，为整个城市增色不少。圣瓦西里大教堂是俄国沙皇伊凡四世为庆祝1552年6月攻占喀山城而修建的。这座风格宏伟的建筑成了俄罗斯的象征，它体现的是俄罗斯人战胜鞑靼人的豪情，因为它的存在，人们走过这里，都会回忆起当年战胜入侵者的光荣。

一代伟人的长眠之所

列宁陵墓坐落在红场的正中央，是个方形阶梯状的建筑，它的外部全用紫色的天然大理石镶嵌，墓的顶端是历代领导人举行阅兵仪式的检阅台。列宁安详地躺在铺有红色党旗和国旗的水晶棺里，胸前佩戴着一枚红旗勋章。在列宁墓背后的红墙两侧，还埋葬着斯大林、加里宁、勃列日涅夫等12位已经逝世的著名领导人。

列宁陵墓

圣母升天教堂

圣母升天教堂内有两个绘有五层圣像的立柱。

圣母升天教堂位于克里姆林宫的教堂广场中央，它有5个洋葱形圆顶，显得富丽堂皇，巍峨壮观。教堂建于1480年，由意大利建筑师修建，历代沙皇和大公都在这里举行加冕典礼，并宣布政令。教堂保存了大量壁画及圣像画，它们都是俄罗斯宗教艺术中的珍宝。高大的白色石墙、细长而简洁的窗框、金色的弧形檐线与5个金顶相搭配，使整座建筑显得圣洁而庄严。

"金色拱顶"

报喜教堂与圣母升天教堂相毗邻，只是修建年代稍微晚一些，它于1489年建成。报喜教堂原本是一个古希腊十字形建筑，有3个圆顶，后来又扩建成造型美观的9个金色圆顶教堂，在当时被称为"金色拱顶"，是皇族子孙举行婚礼的地方。远远看去，克里姆林宫的红墙映衬着金色的圆顶，风景独特而美丽。

报喜教堂

俄罗斯古代的瞭望台

在莫斯科教堂广场上矗立着一座高大的建筑，它就是伊凡大帝钟楼。它高81米，建于1505～1508年，本来只有三层，在1600年又增加了两层，并修建了金色的圆顶。钟楼过去是莫斯科的最高点，所以它曾被作为瞭望台。楼内悬挂着十几个大小不一的古钟，每当它们被敲响的时候，在很远的地方都能听到悠扬的钟声。

遥望伊凡大帝钟楼

钟王

"世界第一大钟"

"世界第一大钟"位于伊凡大帝钟楼处，它于1735年11月20日铸成，高5.87米，直径为5.9米，重约20万千克，所以又被称为"钟王"。钟壁上铸造有精美的塑像和图案，比如沙皇阿列克谢与皇后安娜的像。但大钟在铸成后敲第一下时就出现了裂痕，所以《美国百科全书》称它为"世界上从未敲响过的钟"。

放置在伊凡大帝钟楼处的大炮

从未使用过的大炮

在伊凡大帝钟楼处，放置着一座大炮，这座大炮造于1586年，重4万千克，炮口的直径达0.92米，可以容纳三个人同时爬进去。大炮前陈列着四个堆在一起的炮弹，每个重2000千克。炮架上还铸有精美的浮雕，比如沙皇费多尔的像等等。虽然这个庞然大物自建成之日起就从未使用过，但却显示出了俄罗斯工匠高超的铸造技术。

俄罗斯历史最悠久的剧院

大剧院是俄罗斯历史最悠久的剧院，它坐落在莫斯科斯维尔德洛夫广场上。整座建筑既雄伟壮丽，又朴素典雅，内部设施非常完善，有很好的音响效果。大剧院高21米，它的观赏大厅共有5层，可容纳观众两千余人。这里曾经上演过很多著名的歌舞剧，如柴科夫斯基的《天鹅湖》等。

历史悠久的大剧院

铭记历史的广场

莫斯科胜利广场是为了纪念世界反法西斯战争胜利50周年而修建的，总面积为500平方米。矗立在广场上的胜利女神纪念碑高141.8米，象征着俄罗斯卫国战争中的1418个日日夜夜。整个广场气势宏伟，是莫斯科的一处著名旅游景点。

胜利广场是莫斯科的一处著名旅游景点。

昔日的沙皇宫殿

冬宫位于圣彼得堡的涅瓦河边，建于1754～1762年，曾经是沙皇处理朝政和日常起居之处。冬宫建筑宏伟，它的色彩就像涅瓦河一样，是淡绿色的。在绿色的背景上，两层白色圆柱和金色窗饰格外鲜明，而屋顶上造型奇特的雕塑则给宫殿增添了一种生动的气韵。

冬宫前的广场及凯旋门

"俄罗斯的凡尔赛"

彼得宫坐落在圣彼得堡芬兰湾南岸的森林里，它是彼得大帝在1710年兴建的。此后两百年间，这个宫苑经过不断扩大和改建，成为了俄国皇室最豪华的避暑胜地。彼得宫包括上花园、大宫殿、下花园、玛尔丽宫、亚历山大花园等华美的建筑，其中又以喷泉最为著名。因为彼得宫像法国的凡尔赛宫一样富丽堂皇，所以它又被称为"俄罗斯的凡尔赛"。

彼得宫大喷泉

斯莫尔尼宫

斯莫尔尼宫坐落在圣彼得堡东部一条相当幽静的街道上，是一座外观典雅的三层建筑。它建于1764年，原是贵族学校的校舍。宫殿正面长220米，主体建筑两翼伸出，每翼各长40米，组成了宫中的主要庭院。20世纪60年代，正门处增建了8根伊奥尼亚式圆柱和7个拱形门廊，使整座建筑显得对称大方。斯莫尔尼宫在俄罗斯近代革命史上具有非凡的意义。现在，它成为了圣彼得堡市长的办公楼。

斯莫尔尼宫

女皇的私人博物馆

艾尔米塔什博物馆

位于圣彼得堡的艾尔米塔什博物馆是女皇叶卡捷琳娜二世的私人博物馆。现在的博物馆里包括5座大楼，收藏着270万件艺术品，其中包括1.5万幅绘画，1.2万件雕塑，60万幅线条画，一百多万枚硬币、奖章和纪念章以及22.4万件实用艺术品。即便用正常的参观速度，把四百多个展厅走完，也得花四个多小时。

全世界收藏俄罗斯艺术品最多的博物馆

　　俄罗斯博物馆位于圣彼得堡艺术广场，馆前蟹立着普希金像，1898年，沙皇亚历山大三世将它改造成了博物馆。馆内收藏有许多俄罗斯古代绘画和近代艺术珍品，是全世界收藏俄罗斯艺术品最多的博物馆。其藏品中包括了俄罗斯著名画家列宾的《给苏丹王的一封信》、以内战为主题的油画作品《政委之死》等等。此外，这里还珍藏有2500幅圣像画及雕塑艺术品。

复活大教堂

"马赛克博物馆"

　　圣彼得堡复活大教堂建于1883～1907年。建筑师以莫斯科红场上的圣瓦西里大教堂为蓝本，建造了这座教堂。与圣瓦西里大教堂相比，它的外观更美丽，也更生动。教堂的里里外外都装饰着五颜六色的马赛克，因此它也被称为"马赛克博物馆"。

富丽堂皇的伊萨基耶夫斯基大教堂

　　位于圣彼得堡的伊萨基耶夫斯基大教堂高102米、长112米、宽100米，可同时容纳1.2万人。教堂于1818年动工，1858年完工，历时40年，用工44万人。教堂的四面各有16根巨大的石柱，外墙贴着灰色大理石，内部用斑岩、玉石、天蓝石、黄金等材料进行装饰，其中仅穹顶外部的镀金层就用了100千克的黄金。教堂自1858年建成后，一个多世纪以来都没有重新镀金，但它的穹顶依然光彩夺目。

伊萨基耶夫斯基大教堂

俄罗斯博物馆前的普希金雕像

金碧辉煌的皇家建筑

叶卡捷琳娜宫位于普希金城内，是彼得大帝于1708年为妻子叶卡捷琳娜一世建造的。宫殿顶部有五个金碧辉煌的洋葱形屋顶，极富皇家气派。宫中的接待大厅非常宽敞，展现出了当时俄罗斯帝国雄厚的国力和至高无上的君权；而"琥珀厅"的内部装修采用的全部是琥珀，堪称世界一大奇观。宫中还有法式花园、土耳其浴室、中国式楼阁等建筑，给人以美不胜收之感。

金碧辉煌的叶卡捷琳娜宫

"西伯利亚明眸"

贝加尔湖位于俄罗斯西伯利亚南部，深达1637米，是全世界最深的淡水湖，享有"西伯利亚明眸"的美称。贝加尔湖湖形狭长，宛如一弯明月，湖岸群山环抱，溪涧错落，山间的原始森林苍翠茂密，湖山相映，水树相亲，风景格外绮丽，被俄罗斯伟大的文学家契诃夫誉为"瑞士、顿河和芬兰的巧妙结合"。

"西伯利亚明眸"——贝加尔湖

位于堪察加的留契夫卡雅火山

堪察加火山群

堪察加火山群位于俄罗斯远东地区的堪察加州，是世界上最著名的火山区之一。三百多座具有不同特征的火山构成了堪察加半岛的奇异景观，而大量富含矿物质的冷热喷泉更是吸引了游人的脚步。当著名的间歇泉——"巨人泉"喷发的时候，整个河谷便笼罩在云雾之中；而在间歇泉密集的舒纳亚河支流地区，群泉竞喷，此起彼落，云雾缭绕，又是另一番风景。

俄罗斯文化年

根据《中俄睦邻友好合作条约实施纲要》，2006年，在中国北京举行了"俄罗斯文化年"的活动，举世闻名的俄罗斯国立模范大剧院派出访史上最豪华的阵容——交响乐团、芭蕾舞团等共260名演员来华演出。

芬兰

高品质的生活环境和先进的科学技术，使芬兰成为了一个繁荣的国家。这里还是圣诞老人的故乡，美丽的传说给这片土地增添了迷人的色彩。

芬兰被誉为"千湖之国"。

"千湖之国"

芬兰位于欧洲北部，南邻芬兰湾，西濒波的尼亚湾，与挪威、瑞典、俄罗斯相邻。芬兰的地势东北高、西南低，境内有很多湖泊和森林，水域面积约占国土的十分之一，有大小湖泊六万多个，其中的伊纳里湖、塞马湖等都是欧洲著名的湖泊，所以芬兰又有"千湖之国"的美誉。

美丽的芬兰山区

国家档案馆

正式名称	芬兰共和国
首 都	赫尔辛基
面 积	338145平方千米
人 口	523.66万(2004年)
官方语言	芬兰语、瑞典语

省→区

芬兰的行政区划分为省和区两级。全国共有6个省，即：南芬兰省、东芬兰省、西芬兰省、奥鲁省、拉普省和奥兰省，省下又分为20个区。主要城市有图尔库、坦佩雷、海门林纳、罗瓦涅米、奥卢等等，首都为赫尔辛基。

"食不可无鱼"

就像俄罗斯人不能没有伏特加一样，对芬兰人来说，"食不可无鱼"。芬兰有着漫长的海岸线，水产品极为丰富。三文鱼、波罗的海青鱼、鲑鱼、淡水鳕鱼各具风味，制作方法也是五花八门。在芬兰，夏季可以品尝三文鱼、白鱼和波罗的海鲱鱼，而冬季最诱人的莫过于刚刚从冰窟窿里打捞出来的江鳕和白鱼，而营养丰富的鱼子也同样为芬兰人所喜爱。

鱼是芬兰人最爱吃的食物之一。

圣诞老人的故乡

罗瓦涅米是芬兰北部拉普省的省会，它是一个位于北极圈以内的城市，也是圣诞老人的故乡，著名的圣诞老人村就设立在这里。现在，每年来拉普旅游的人数超过了100万。"圣诞老人故乡游"等活动使芬兰北部一年四季都是全世界的旅游热点。每年圣诞前夕，大量来自英国、希腊、南非、日本、澳大利亚等国的游客，都会乘飞机来到圣诞老人的故乡——罗瓦涅米市，和当地居民一起，欢庆节日的到来。

芬兰是圣诞老人的故乡。

拉普人和他们心爱的驯鹿

赛鹿节

拉普人是芬兰北部地区拉普省的土著民族。每年3月，拉普人都要带着心爱的驯鹿聚集在伊纳里湖上，参加一年一度的民间传统节日——赛鹿节。赛鹿节上最精彩的比赛要数"驯鹿王之赛"。每头赛鹿都由一名手执缰绳、脚踏滑雪板的驯鹿者驾驭。号令一响，赛鹿会在冰冻的湖面上飞奔，只有那些技术熟练的驯鹿者才能驾着鹿顺利跑完2000米的赛程。这是一项具有浓郁民族风情的传统比赛项目，既能锻炼人们勇敢顽强的拼搏精神，也能检验驭手的驯鹿技艺。

名人堂

西贝柳斯（1865年-1957年）：西贝柳斯是芬兰著名作曲家，他一生都在为芬兰民族音乐的崛起而奋斗。西贝柳斯在音乐创作上最重要的成就就是他的7部交响曲，它们以深邃的意境、内在的力量和严谨的构思而独具一格。西贝柳斯因其在艺术上的成就，受到了芬兰人民的极大崇敬。

"波罗的海的女儿"

赫尔辛基于1812年成为了芬兰的首都。它坐落在芬兰湾北部的一个半岛上，三面环水，是一座将古典韵味与现代文明融为一体的都市，既体现出了欧洲古城的浪漫情调，又充满了国际化大都市的气息。在大海的衬托下，无论是海碧天蓝的夏日，还是流冰遍浮的冬季，这座港湾城市总是显得美丽洁净，被人们称为"波罗的海的女儿"。

赫尔辛基被称为"波罗的海的女儿"。

赫尔辛基的象征

赫尔辛基最著名的建筑就是赫尔辛基大教堂。它建于1852年，是一座乳白色的建筑，顶端有一座淡绿色的圆顶钟楼，高出海平面八十多米，造型典雅，气宇非凡，是赫尔辛基的象征。大教堂前矗立着沙皇亚历山大二世的铜像，附近是参议院广场，东西两侧分别为内阁大楼和赫尔辛基大学，南面不远处就是总统府、最高法院和市政厅的所在地。

赫尔辛基街景

会唱歌的纪念碑

西贝柳斯纪念碑位于赫尔辛基的西贝柳斯公园，是为了纪念芬兰音乐家西贝柳斯而修建的，它是著名女雕刻家希尔图宁花费了6年心血才完成的作品。纪念碑由六百多根银色的不锈钢管组成，这些钢管长短不一、粗细不均，随意地并排在一起。每当海风吹来的时候，钢管就会发出优美的声音，仿佛是大自然为了纪念这位音乐家而演奏的永恒乐章。

西贝柳斯纪念碑

"岩石教堂"

赫尔辛基最负盛名的建筑是一座修建在岩石中的地下教堂，它就是坦佩利奥基奥教堂，位于市中心的坦佩利岩石广场。整个广场被一块起伏不平的巨大岩石所覆盖，外观质朴无华。教堂大厅没有经过任何修饰，抬头仰望穹隆，透过天窗可以看到蔚蓝的天空和洁白的云彩，金碧辉煌的拱顶隐约反射着厅堂内的烛光，使整座教堂充满了艺术感染力。

坦佩利奥基奥教堂

"大海女神"

著名的阿曼达塑像就位于赫尔辛基。

在芬兰首都赫尔辛基，提起哈维斯·阿曼达无人不知。她是矗立在市中心南码头广场上的一尊青铜少女塑像，铸造于1905年。她面向大海，一手托腮，静静地凝望着芬兰湾，被人们誉为"大海女神"。阿曼达温柔娴雅的神态和优美流畅的线条，展现出了一位少女内心和外表的美。如今，这座铜像已经成为了赫尔辛基的著名景点，无论春夏秋冬，凡到这里旅游观光的人都要与她合影留念。

现代设计的杰作

位于赫尔辛基市中心德勒湾畔的芬兰大厦，是一座颇具现代风格的多功能建筑，宛如一架巨大的白色钢琴静静地依偎在海湾边，海水倒映出它线条流畅的轮廓，好似一幅优美的风景画。它是芬兰建筑大师阿尔托的独具匠心之作，修建于1971年，被誉为"芬兰现代建筑艺术中的一颗明珠"，这里曾举办过多次高峰会议和音乐会。

赫尔辛基的现代建筑

萨乌那

萨乌那是蒸气浴的一种，中国人称之为桑拿浴。对芬兰人来说，萨乌那有着特殊的意义，就像空气和面包那样，是生活中不可缺少的一部分。在这个只有五百多万人口的国家里，共有192万个大大小小的萨乌那浴室，平均不到3个人就拥有一个。

丹麦

丹麦地处北欧，面积只有4.3万平方千米，在北欧诸国当中，它的面积最小。但是，这里美丽富饶，农产品丰富，被称为"欧洲食厨"。

俯瞰丹麦首都哥本哈根

"欧洲的十字路口"

丹麦位于欧洲北部波罗的海至北海的出口处，是西北欧地区陆上交通的枢纽，被人们称为"欧洲的十字路口"。全国由日德兰半岛的大部及西兰、菲英、洛兰、法尔斯特和波恩荷尔姆等406个岛屿组成。丹麦南部与德国接壤，西濒北海，北与挪威和瑞典隔海相望，境内地势低平，最大的湖泊——阿里湖面积为40.6平方千米。

国家档案馆	
正式名称	丹麦王国
首 都	哥本哈根
面 积	43096平方千米
人 口	543万(2006年)
官方语言	丹麦语

丹麦全国被划分为14个郡。

郡→市

丹麦的行政区划分为郡、市两级，全国被划分为14个郡、271个市和格陵兰、法罗群岛两个自治领（其国防、外交等由丹麦负责）。这14个郡包括了哥本哈根郡、菲特烈堡郡、罗斯基勒郡、西希兰郡、斯多斯特姆郡、博恩霍尔姆郡、菲茵郡、南日德兰郡、里伯郡、维厄勒郡等。

开放式三明治

　　有人说：安徒生、开放式三明治、趣伏里公园，没有什么比这些更能代表丹麦了。的确，提到丹麦人的"吃"，就不能不提开放式三明治。顾名思义，开放式三明治最基本的原料就是一片面包和黄油，然后再与鱼、肉、蔬菜和奶酪组合，美味可口、营养丰富。吃开放式三明治时一般要佐以冰镇的啤酒，这可是地道的丹麦习惯。

开放式三明治是丹麦的传统美食。

丹麦人的穿衣文化

　　丹麦人在着装上崇尚休闲，即使上班也不一定西装革履。随心所欲地选择自己喜爱的服装，找到轻松和谐的感觉，这就是丹麦人穿衣的基本态度。丹麦人的服装千变万化，但万变不离其宗——牛仔裤、T恤衫、旅游鞋，还有宽松的外套，就是他们最典型的穿着。而且，在丹麦，老年人或许比年轻人更爱打扮。因为他们认为，人的一生都应该努力保持青春和健美。

丹麦人在着装上崇尚休闲。

名人堂

　　安徒生(1805年～1875年)：安徒生是丹麦作家，举世闻名的童话大师。他创作的童话故事脍炙人口，其中最著名的有《卖火柴的小女孩》、《美人鱼》、《丑小鸭》、《看门人的儿子》、《皇帝的新装》、《拇指姑娘》等等。他的作品既真实地描绘了穷苦人的悲惨生活，又渗透着浪漫主义的情调和幻想，直到今天还为世人所传诵。

捕豚节

　　在丹麦美丽的法罗群岛，当地渔民以捕捉海豚为生。为了庆贺丰收，每年6月初，法罗群岛的渔民都要聚集在一起，欢度捕豚节。在这一天，渔民们要举行盛大的捕豚竞技比赛，其热闹紧张的程度甚至可以和西班牙的斗牛赛相媲美。傍晚，人们会按照传统在海滩上举行篝火晚会，举杯畅饮，载歌载舞，直到天明。

哥本哈根的标志

　　丹麦的美人鱼铜像举世闻名，它位于哥本哈根市中心东北部的长堤公园。铜像高约1.5米，基石直径约1.8米，是丹麦雕刻家爱德华·艾瑞克森根据安徒生童话《海的女儿》铸造的。远远看去，美人鱼坐在一块巨大的花岗石上，恬静娴雅，悠然自得，吸引了无数的游人。在当地，人们流传着这样一种说法：不看美人鱼，就不算到过哥本哈根——它已经成为了哥本哈根的标志。

美人鱼铜像是哥本哈根的标志。

栩栩如生的铜塑喷泉

　　吉菲昂喷泉位于哥本哈根市中心东北部，它由吉菲昂女神和四头牛及套犁等一组铜像组成。女神左手扶犁，右手执鞭，驾驭着四头铜牛拼力耕犁。铜

吉菲昂喷泉冬景

牛则躬身抵角、奋力拉犁，形态各异。犁后喷泉汹涌，形同垂瀑，台基周围用花岗石围成了一泓池水，水池内有两条铜铸巨蟒盘缠，左右两股喷泉，直注铜牛。整组喷泉气势磅礴，景色蔚为壮观，每年都吸引着成千上万的旅游者。

阿美琳堡王宫前的皇家乐队表演

阿美琳堡王宫

　　阿美琳堡王宫位于哥本哈根市区东部欧尔松海峡之滨，是丹麦王室的主要宫殿，也是哥本哈根的重要旅游景点之一，修建于1754～1760年。每天中午12点，阿美琳堡广场上都会举行王家卫队换岗仪式。卫兵们骑着高头大马，头戴钢盔，身上穿着黑色绣金制服，左肩披着红色绣金披肩，马蹄嗒嗒，军刀闪闪，威风凛凛，气宇轩昂。他们的一举一动，威武雄壮，一丝不苟，使场面显得更加庄严壮观。

历代国王的夏季行宫

　　罗森堡宫是丹麦最著名的城堡之一，坐落在哥本哈根市北部的国王公园里。在1699～1730年的这一段时间里，罗森堡宫一直是丹麦历代国王的夏季行宫。这里的建筑典雅别致、小巧玲珑，为国王公园平添了几分动人的风情，使它成为哥本哈根最迷人的公园之一。自1740年之后，罗森堡宫成为了展示皇家藏品的珍宝馆。宫内陈列着历代国王的王冠、金银首饰、珍贵的硬木家具和其他一些价值连城的珍宝。

美丽动人的罗森堡宫

哥本哈根最古老的商业市场

遥望哥本哈根

　　建于15世纪的市政厅广场位于哥本哈根市中心，丹麦的许多重大活动都在这里举行。广场中心建有17世纪末的丹麦国王克里斯汀五世的雕像。市政厅正门左侧，是丹麦伟大的童话作家安徒生的雕像，来这里的游客们通常都会与雕像合影留念。市政厅广场同时也是哥本哈根最古老的商业市场，每到傍晚，许多商贩便在广场摆上货物，向游客们兜售，使这里充满了中世纪风情。

"人间仙境"

　　趣伏里公园位于市政厅广场南面，建于1843年。公园占地面积广阔，是丹麦乃至整个欧洲最著名的游乐园，有"人间仙境"之称。花卉展览是公园的一大特色，而趣伏里的另一特色就是它的水景，这里不仅有雕塑和喷泉，而且还有花舟游弋，水鸟旋回。在灯光点缀之下，更显光怪陆离，令人叹为观止。

趣伏里公园被誉为"人间仙境"。

丹麦民风淳朴，这里的人们热情友善。

热情淳朴的丹麦人

　　丹麦民风淳朴，当地人热情友善、乐于助人。如果你走在没有红绿灯的马路上，疾驰的车辆一般都会停下来让行人先过。如果外出迷路了，只要站在马路边上，就会有人主动上来给你指路。

英国

英国位于欧洲大陆西北，当地人常说自己的国家是"四个民族，一个王国"。"一个王国"就是联合王国，"四个民族"就是今天的英格兰人、苏格兰人、威尔士人和爱尔兰人。

孤悬于大陆之外的岛国

英国由大不列颠岛和爱尔兰岛东北部及附近许多岛屿组成，境内多山岭丘地，隔北海、多佛尔海峡和英吉利海峡同欧洲大陆相望，是一个孤悬于大陆之外的岛国。它东濒北海，面对比利时、荷兰、德国、丹麦和挪威等国；西临爱尔兰，横隔大西洋与美国、加拿大遥遥相对；北过大西洋可达冰岛；向南穿过英吉利海峡就到了法国。

英国田园风光

区域→郡→市

英国划分为英格兰、威尔士、苏格兰和北爱尔兰4个区域。每一区域又各自分为若干个郡（或区）和市。英格兰被划分为9个行政区，即：英格兰东北、英格兰西北、约克郡与恒伯、东密德兰、西密德兰、东英格兰、大伦敦、英格兰东南、英格兰西南。苏格兰包括了32个自治市，威尔士有22个自治市，北爱尔兰有24个自治市及6个郡。

整个英国被划分为4个区域。

国家档案馆

正式名称	大不列颠及北爱尔兰联合王国
首 都	伦敦
面 积	243600平方千米
人 口	5983.43万(2004年)
官方语言	英语

英式下午茶

从19世纪开始，英国上流社会的绅士名媛们就开始盛行喝下午茶。英国人热爱红茶的程度举世闻名。在日常生活中，当地人经常饮用英国早餐茶及伯爵茶。其中，英国早餐茶又名开眼茶，精选印度、锡兰、肯亚各地出产的红茶调制而成，气味浓郁，最适合早晨起床后享用。伯爵茶则以中国茶为基础，加入佛手柑调制而成，香气特殊，风行于欧洲的上流社会。

英式下午茶举世闻名。

名人堂

克伦威尔(1599年～1658年)：克伦威尔是英国资产阶级革命的主要领导人，英国内战时期的军事统帅。他治军严明，创建了英国历史上第一支正规军，并远征苏格兰、荷兰，为英国夺取海上霸主地位奠定了基础。

英国人的传统服饰

在某些特定的正式场合，英国人会穿着传统服装。比如：法院正式开庭时，法官会头戴假发，身穿黑袍。在教堂做礼拜时，牧师要穿上长袍。每届国会开幕，女王前往致词时，会头戴珠光闪烁的王冠，随行的王宫女侍都身着白色的长裙礼服。王宫卫士会身穿鲜红的短外衣、黄色束腰，头戴高筒黑皮帽。伦敦塔楼的卫士通常身穿黑衣，上绣红色王冠。近卫骑兵则是一身黑衣，另配白马裤、黑长靴、白手套，头戴银盔，上面飘着高高的红穗，看上去英姿勃勃。

身穿传统服饰的伦敦塔守卫

热爱球类运动的民族

英国人非常热爱球类运动，他们促进了西方足球运动的发展。早在12世纪，英国的足球运动就已经十分普遍，而今天风靡世界的橄榄球也起源于英国。据说，橄榄球来源于一次犯规动作，但久而久之，就逐渐被人们所接受，成为了球场上的合法行动。于是，一项有利于身体全面发展的新的运动项目——橄榄球，就从足球运动中派生出来了。

英国王室的最高象征

18世纪初，英国的白金汉公爵在伦敦泰晤士河畔修建了一座宫邸，后来被英国王室收购，经过改建后成为了今天的白金汉宫。直到现在，它依然是英国王室成员的居住地。宫中收藏有历代英王收集的各式家具、做工考究的银器、玲珑精美的钟表和水晶枝形吊灯等珍贵藏品。但是，白金汉宫不对公众开放，只有女王美术馆、皇家马厩和禁卫军换岗仪式可供游人参观。

气势宏伟的白金汉宫

威斯敏斯特宫

威斯敏斯特宫是英国的议会大厦，它位于泰晤士河畔。11世纪中叶由英王爱德华一世下令修建，此后一直是英国的主要王宫，1547年才开始成为议会的所在地。威斯敏斯特宫的主体建筑是前后三排宫廷大楼，两端和中间由七座横楼相连，形成一个整体。宫中共有大厅14座，房屋四百多间，收藏着大量珍贵的绘画、雕塑等艺术品。

"荣誉的宝塔尖"

威斯敏斯特教堂是英国伦敦的著名教堂，它的平面呈拉丁十字型，柱廊宏伟凝重，双塔高耸挺拔，被英国人称为"荣誉的宝塔尖"。从11世纪开始，英国国王大都在此加冕登基，王室婚礼也会在这里举行。而且，这里还埋葬着丘吉尔、牛顿、达尔文、狄更斯等一些著名的政治家、科学家和文学家。

威斯敏斯特教堂被称为"荣誉的宝塔尖"。

威斯敏斯特宫是伦敦的标志性建筑之一。

世界上现存可供居住的最大古堡

温莎古堡在英国历史上曾经是很多国王的出生地，也是王室举行婚礼的场所，修建于1066年。古堡修建在伦敦以西的温莎镇，是世界上现存可供居住的最大古堡。它周围的风景非常迷人，庭院中耸立的圣乔治教堂是

遥望温莎古堡

历代君主举行嘉德骑士授勋仪式的场所。这里过去还是王室贵族狩猎的地方，每当圣诞节来临的时候，王室成员都会在这里庆祝，因此温莎古堡又被称为"王城"。

白塔

伦敦最著名的路标

圣保罗大教堂位于泰晤士河北岸，它是伦敦最著名的路标。圣保罗大教堂是世界第二大圆顶教堂，而它的诗班席则是教堂中最华丽、最庄严的地方。圣保罗大教堂内还有一个神奇的耳语廊，对着耳语廊的通孔说话，人们可以在其他任何一个通孔听到回声。从耳语廊往上走就可以抵达塔顶，这里是眺望伦敦市区景色的绝佳地点。

英国最著名的堡垒式建筑

伦敦塔是英国最著名的堡垒式建筑，修建于1078年。这里最重要、最古老的建筑就是诺曼底塔楼，因为它是用乳白色石块建成的，所以又称白塔。白塔的四角耸立有四座高塔，塔角处还设有螺旋楼梯，可直达塔顶。白塔最吸引人的地方就是圣约翰小礼拜堂，它是一座小型的仿罗马式教堂，不仅可以用来举行宗教仪式，也是当年的城堡主人召开秘密会议的地方。

圣保罗大教堂

大本钟

大本钟（也译为"大笨钟"），是英国伦敦的著名古钟，建于1858年。它安装在西敏寺桥以北、议会大厦以东的钟楼上。这个钟重达14000千克，钟盘直径为7米，时针和分针的长度分别为2.75米和4.27米。大本钟是伦敦的标志性建筑之一，它发出的报时声在很远的地方都能听见。

大本钟是伦敦的标志性建筑之一。

"伦敦的正门"

塔桥是伦敦的著名标志之一，在历史上，它被称为"伦敦的正门"。塔桥横跨在泰晤士河上，建于1886～1894年，因桥身由4座塔形建筑相连接而得名。它的桥墩是两座高耸的方塔，中间的一段桥洞长76米，分为上下两层，上层行人，下层通车。如果有轮船到来，下层桥面会自动向上升起以便轮船通过。

唐宁街10号是英国首相的官邸和办公室。

英国首相的办公室

唐宁街10号是一幢灰色建筑，从1732年开始，它就一直是英国历届首相的官邸和办公室。它建于1680年，共有60个房间。其中最著名的就是楼下的内阁室，在窗边可以远眺白金汉宫广场上的皇家禁卫军换岗仪式和圣詹姆士公园。二楼有早餐厅、国宴厅、书房及第二会客厅等房间,其中最有名的就是国宴厅。

横跨在泰晤士河上的伦敦塔桥

"博物馆之城"

伦敦又被称为"博物馆之城"，形形色色的博物馆是伦敦城市风景的一大特点。这座城市的博物馆有200座之多，犹如一部部生动的百科全书，以历史悠久、藏品丰富闻名遐迩。从2001年起，参观英国的大型国家博物馆都免收门票，如大英博物馆、国家美术馆、自然史博物馆等等。这些古老的建筑，正是因为被赋予了人的故事、活的历史而更加生动起来。

伦敦自然史博物馆

"一部流动的历史"

泰晤士河是英国最长的河流，它发源于英格兰的科茨沃尔德山，河水从西部穿过伦敦市区，最后再经过诺尔岛注入北海。泰晤士河沿岸有许多历史古迹，如伊顿、牛津、亨利和温莎等。在英国历史上，泰晤士河流域占有举足轻重的地位。英国政治家约翰·伯恩斯曾说，泰晤士河是世界上最优美的河流，因为它是"一部流动的历史"。

宁静的泰晤士河横穿伦敦郊区。

格林尼治皇家天文台旧址

本初子午线的诞生地

格林尼治位于伦敦东部泰晤士河畔。15世纪30年代，英国摄政王罗斯特公爵在这里建立了一个瞭望站。1675年，瞭望站被改建成了皇家天文台。1884年，全世界二十多个国家的天文工作者正式确定，以通过该天文台的子午线为零度经线，这条线就是东西半球的分界线。在天文台大门旁的砖墙上有一台大钟，它所指示的时间，就是现在世界各国通用的"格林尼治标准时间"。

今天的格林尼治公园是昔日的皇家园林。

皇后的房间

位于格林尼治的皇后之屋是一座精美小巧的两层白色建筑，是由著名建筑师琼斯设计的。他除了重视房屋外观的对称与和谐外，也考虑到了内部的使用功能，这种风格使整座建筑洋溢着清新别致的美。后来，这里成为了查理一世和玛丽亚皇后的住所，因为玛丽亚皇后非常喜爱这座建筑，人们就直接称它为"皇后之屋"。

坎特伯雷大教堂的中堂

格林尼治公园

15世纪时，亨利五世的兄弟罗斯特公爵在格林尼治建造了一个私人猎场，后来这里就成为了皇家的御用园林。17世纪时，经过法国园艺设计师勒诺特的精心改造，这片土地从猎场变成了美丽的公园，这就是今天的格林尼治公园。园内有皇家天文台旧址、海事博物馆、格林尼治码头等多处景点。

皇后之屋

英国的基督教圣地

公元6世纪，来自罗马的传教士奥古斯汀在坎特伯雷的圣马丁教堂宣扬基督教义，随后便修建了圣奥古斯汀修道院和坎特伯雷大教堂，为基督教在英国的发展奠定了基石。坎特伯雷大教堂气势恢宏、规模雄伟，是英国基督教诞生的见证，著名诗人奥登曾在自己的诗里把它比喻为"灵魂的巨轮"，是英国中世纪的宗教圣地。大教堂现存最古老的建筑，是修建于1100年的诺曼底式地下室，这里装饰着风格古典的列柱。在1411年完工的十字形回廊的圆拱上，描绘着八百多幅徽章，它是英国后哥特式建筑风格的一个典型范例。

"红色堡垒"

科赫城堡位于英格兰中东部，它是使用含铁粉的石灰石建造的，因此整个建筑隐约带着红色，被人们称之为"红色堡垒"。城堡内有吊桥、吊门等设施，它们都完好地保持了中世纪时的特色，而且还洋溢着维多利亚时代的浪漫气氛。无论是尖帽形的圆塔、红色的窗框，还是吊桥的栏杆，都让人有置身于童话王国一般的感受，体现了当时的艺术风格。

科赫城堡

"世界三大古迹之一"

位于巴斯城的古罗马大浴池是一座露天浴池，被称为"世界三大古迹之一"。它发掘于1870年，长24米，宽12米，深度约为1.6米，在池底还铺有木板。浴池分为上下两层，上面是廊庭，下面是水池，廊庭的四周都雕刻着神像，每个浴池两边都有拱形的大门通往隐蔽的更衣室。除此之外，这里还为洗浴者准备了桑拿浴池和按摩室。整个建筑群的最前端是神殿，供人们在沐浴前祭拜神灵。

装饰华丽的古罗马大浴池

修道院中的美丽建筑

巴斯城中的著名建筑除了奢华壮丽的古罗马浴池外，还有位于浴池附近的巴斯修道院。修道院的大教堂始建于公元676年，1090年时，人们又在原来的基础上对它进行了扩建。修道院教堂建有多边形的塔楼，塔楼顶部还建有小尖塔。教堂里面设有圣坛，正东方是一些五彩斑斓的彩色玻璃，一共有56块，上面描绘了耶稣的生平事迹，这也是整座教堂最为醒目的地方。

巴斯修道院内壮丽的穹顶

皇家新月楼

"英国最高贵的建筑"

巴斯城内还有一座18世纪建筑艺术中的极品——皇家新月楼。它是一座规模宏大的建筑，由连成一体的30幢楼房组成，共有114根圆柱。皇家新月楼修建于1767～1775年，它的房屋排列成圆弧形，优美的曲线令人陶醉，这样的结构表现出了高雅的英国贵族风尚，因此它也被誉为"英国最高贵的建筑"，是巴斯城内最引人入胜的景观。

"爱丁堡的地标"

15世纪时，爱丁堡成为苏格兰王国的首都，1707年与英格兰合并后，它又成为苏格兰的省会，著名的爱丁古堡就位于市中心一带的城堡山上。它修建于公元7世纪，在历史上，因为地形险要，它曾经扮演过军事要塞、防御堡垒、皇宫、国家监狱等角色，被称为"爱丁堡的地标"。城堡里最古老的建筑就是圣玛格丽特小教堂，它至今还是民众举办婚礼的场所。城堡中还有一个军事博物馆，馆内收藏了从中世纪到19世纪末的各种兵器。

普尔特尼桥是巴斯城内的标志性景观。

巴斯城的标志性景观

普尔特尼桥建于1769～1774年，它坐落在雅芳河上，是模仿意大利佛罗伦萨的维奇奥桥建造的，是巴斯城的标志性景观。桥周围的环境十分幽雅，许多18世纪乔治王时代的建筑分布在大桥两侧。站在桥上，眺望雅芳河两岸的旖旎风光，仿佛置身于水城威尼斯的怀抱。

爱丁古堡

英国唯一允许拥有私人军队的城堡

布雷尔城堡是亚士罗公爵一家世世代代居住的地方。在七百多年的动荡岁月中，城堡曾多次被敌方占领，但最后所有权仍归亚士罗公爵一家。布雷尔城堡也是英国政府唯一允许拥有私人军队的城堡，其建筑艺术积累了几个世纪的精华，已经达到了相当完美的境界。如今，雄伟的古堡依然耸立在苏格兰高地的森林附近，吸引了世界各地的游人。

典雅高贵的布雷尔城堡

卡那封城堡被称为"威尔士之魂"。

远古时代的日历

在伦敦西南的索尔兹伯里平原上，孤零零地矗立着一些拔地而起的巨石，这就是巨石阵。巨石阵最壮观的部分就是石阵中心的砂岩圈。它的内部是五组砂岩组成的三石塔，排列成马蹄形，这个马蹄形恰好位于巨石阵的中心线上，开口正对着仲夏日出的方向。人们常常猜测，当时的人是采用什么样的方法建造了巨石阵呢？这个谜到现在也没有人能够解开。

"威尔士之魂"

卡那封城堡位于威尔士北部。1283年，英格兰国王爱德华一世征服了威尔士，于是建造了这座城堡作为权力的象征。卡那封城堡是威尔士最重要的一座皇家宫殿，从1284年起，它便成为了君王的财产，因此它与英国王室有着密切的联系。英国的第一位威尔士亲王就诞生在这里，现在的英国王储查尔斯王子也是在这里举行受封仪式的，所以它又被称为"威尔士之魂"。

苏格兰格子裙

在苏格兰，男子也可以穿裙子，他们穿的是格子裙。现在，守卫在爱丁古堡门口的士兵，依然还穿着这种传统的裙子式军服。这是一种暗绿色配着黄线条的格子裙，用特制的呢子做成，配上红白格的袜子和白靴子，充分显示了苏格兰男式格子裙的独特之处。

苏格兰格子裙和风笛已经成为了英国的特色文化。

矗立在荒原上的巨石阵

德国

德国的魅力在于它秀丽的山川风光、灿烂的文化古迹以及独特的生活风貌，而且它是欧洲最富有的国家之一。繁华的都市和宁静的乡村使德国成为了令人心驰神往的旅游胜地。

"欧洲的心脏"

德国位于欧洲的心脏地带。它将靠海的西欧各国和东欧内陆连接起来，东邻波兰、捷克，南毗奥地利、瑞士，西接荷兰、比利时、卢森堡、法国，北靠丹麦，濒临北海和波罗的海。德国境内主要是广阔的平原、起伏的丘陵和高耸的山脉，其南部山脉是阿尔卑斯山的一部分，连绵的山丘和森林，自此向北延伸到北海和波罗的海。

德国共有16个州。

古朴秀丽的德国风光

联邦→州→市镇

德国的行政区划分为联邦、州、市镇三级。整个德国共有16个州，13552个市镇。各州分别是：巴登－符腾堡州、巴伐利亚州、柏林市、勃兰登堡州、不来梅市、汉堡市、黑森州、梅克伦堡－前波莫瑞州、下萨克森州、北莱茵－威斯特法伦州、莱茵兰－法耳茨州、萨尔州、萨克森州、萨克森－安哈特州、石勒苏益格－荷尔斯泰因州和图林根州。其中，柏林、不来梅和汉堡是市州。

国家档案馆

正式名称	德意志联邦共和国
首　都	柏林
面　积	357030平方千米
人　口	8250.1万(2004年)
官方语言	德语

爱吃香肠的民族

坐在古色古香的城堡式餐馆中，要上一份杜松子酱汁，外加烤香肠、油炸马铃薯，再配上核桃仁色拉，一杯葡萄酒……这就是德国美食带给人们的魅力诱惑。提起德国美食，就不能不提香肠。德国人特别喜欢吃香肠，他们制作的香肠有1500种以上。而德国的国菜就是在卷心菜上铺满各式香肠。此外，著名的德国美食还有生鱼片、烤杂肉、苹果酥、煎甜饼等。

位于德国乡间的美丽古堡

城堡之都

城堡是德国的象征，世界上没有一个国家像德国那样拥有如此众多的城堡。据统计，现在的德国境内仍遗留有14000座城堡。在古代，城堡被封建领主用来作为防御工事，所以它们大多修建在美丽而危险的山崖上。如今，位于德国莱茵河两岸悬崖峭壁上的古城堡，已经成为了水陆之间一道绮丽的自然与人文景观。

德国人对啤酒的热爱举世闻名。

名人堂

奥托·冯·俾斯麦(1815年~1898年)：俾斯麦是普鲁士王国的内阁首相兼外交大臣，被称为"铁血宰相"。他认为，"强权胜于真理"，武力是取得政治和外交成就的基石，只有坚持"铁血政策"才能使德意志走向统一。在他的铁腕政策下，1871年，德意志帝国成立。

慕尼黑啤酒节

德国人酷爱喝啤酒，这里不仅有悠久的酿酒历史和各式酿制方法，还有著名的慕尼黑啤酒节，它是全世界最大的民间狂欢节，在每年的十月举行。在德国，十月正是大麦和啤酒花丰收的时节，人们在辛勤劳动之余，也会欢聚在一起，饮酒、唱歌、跳舞，以表达内心的喜悦之情，所以慕尼黑啤酒节就这样流传了下来。节日期间，人们齐聚慕尼黑，至少会喝掉五百万升啤酒。

柏林的标志

勃兰登堡门位于柏林市中心菩提树大街和6月17日大街的交汇处，是柏林十八座城门中剩下的最后一座，它既是柏林的标志，同时也是德国的象征。勃兰登堡门仿照古希腊雅典卫城城门建造，门楼顶上耸立着一座青铜铸造的胜利女神像。她头戴桂冠，背插双翅，站在四匹马拉的战车上，看上去英姿勃勃。

勃兰登堡门既是柏林的标志，也是德国的象征。

柏林墙是德国历史的见证。

德国统一的见证

柏林墙是柏林最显眼的风景，它是原民主德国沿西柏林外围修筑的隔离设施，修建它的目的是为了防范来自西方的干扰和破坏。柏林墙全长169.5千米，主要由钢筋水泥墙、充电铁丝网等构成。1989年11月9日，柏林墙被推倒了，分隔了28年之久的东、西柏林终于获得了统一。

以国王名字命名的广场

亚历山大广场位于柏林卡尔马克思大道与卡尔列布里切特街的交接处。1805年，俄国沙皇亚历山大一世访问德国时，曾在这里检阅部队，广场的名字便由此而来。这里最早是羊毛和牲口的交易市场，现在则成为了举世闻名的商业中心。

亚历山大广场上的电视塔

铭刻历史的教堂

记忆教堂原本是柏林市中心最大的哥特式教堂，却不幸在第二次世界大战中遭到战火的摧毁。整座建筑伤痕累累：教堂的尖顶被截断，山墙坍塌，后半部分完全消失，只有钟楼上的时针永远地固定在了它被毁的那一刻。柏林市政府并没有去修复它，而是按现状将其保留了下来，时时提醒人们不要忘记那段惨痛的历史。

柏林有许多著名的教堂，记忆教堂就是其中之一。

夏洛特堡

夏洛特堡

夏洛特堡建于1695年，是柏林境内最著名的皇宫之一，它是普鲁士国王腓特烈一世为其妻子索菲·夏洛特皇后修建的，后经陆续增建，到腓特烈·威廉三世时终于形成了现在的规模。目前，包括皇家寝宫、浪漫主义美术馆以及史前历史博物馆在内的建筑已经开始向游人开放，这里保存着许多普鲁士王朝时期的奇珍异品。

"德国建筑艺术的明珠"

孔雀岛位于柏林西南端的哈弗尔河中，游人需要坐船才能到达。它被誉为"德国建筑艺术的明珠"，是名列施普雷岛之后的柏林第二大岛，因为庭园里放养了很多孔雀，岛也由此得名。从1795年起，这里先后修建了具有罗马风格的宫殿以及玫瑰园和橡树林，草坪葱翠、曲径通幽，景致清新迷人，将英国式的花园景观呈现在了游人面前。1830年，这里建起了棕榈温室。这样，人们在寒冷的地区也可以欣赏到热带植物。在当时，到孔雀岛游玩成为了很多家庭的假日活动项目，由此可见人们对它的喜爱程度。

孔雀岛上的建筑

波茨坦的精华

有人说，普鲁士王城的精华在波茨坦，而波茨坦的精华则在无忧宫。18世纪中期，普鲁士国王腓特烈二世命人在柏林郊区的波茨坦修建了无忧宫。它在外形上模仿了法国的凡尔赛宫，堪称德国最美丽的建筑。无忧宫里的房间四壁镶金，光彩夺目，多用壁画和明镜来装饰，显得辉煌灿烂。

无忧宫是波茨坦的精华。

采琪莲霍夫宫与无忧宫相距不远，图为无忧宫中的罗马浴池。

最后一座修建于普鲁士王朝时期的宫殿

著名的采琪莲霍夫宫坐落在波茨坦西北方，它是威廉一世为其子孙修建的。它之所以闻名，不仅因为苏、美、英三国领袖在此签署了具有历史意义的《柏林（波茨坦）会议议定书》和《波茨坦公告》，同时它也是最后一座修建于普鲁士王朝时期的宫殿。采琪莲霍夫宫的外观看上去很像一座英国别墅，在其中的一个房间里，摆放了一张大圆桌和三把扶手椅，这就是当年签订条约的地方。

优雅精致的剧院教堂

慕尼黑的标志

优雅精致的剧院教堂是慕尼黑的标志，它的正面由两个独特的塔构成。这两个塔有将近七十米高，塔上有像螺旋一样的装饰，这一设计受到了意大利威尼斯的圣母玛利亚大教堂的启发，是整座教堂最出色的地方。双塔这种独特的外形构造也使慕尼黑的建筑风格更加丰富多彩。远远望去，造型别致的双塔构成了慕尼黑整座城市极其突出的标志性风景。

第20届奥运会的举办场所

1972年，慕尼黑举行了第20届奥运会，奥林匹克公园便是这次盛会留下的永久纪念物。公园里的奥林匹克体育场最有特色的地方就是它的顶棚。这个顶棚看上去很像一张半透明的"鱼网"，其实它是由7.5万平方米的人造有机玻璃拼成的。奇特的构想、别致的造型，使它成为了世界建筑史上的一大奇迹。

奥林匹克体育场的"鱼网"式顶棚

国王的美丽夏宫

宁芬堡坐落在慕尼黑西郊，是巴伐利亚历代君主的夏宫。整座宫殿坐西朝东，正面长达600米，雄伟壮观。浓荫掩映的人工河、冲天的喷泉、在一潭清水中玩耍嬉戏的天鹅野鸭，构成了一幅宁静典雅的风景图。而且，宫殿里还有一个"中国之阁"，这里有画着龙凤、山水、花鸟等图案的屏风，还陈列着中国的瓷器。

宁芬堡是国王的美丽夏宫。

如梦幻般完美的童话宫殿——新天鹅堡

梦幻古堡

在德国众多的城堡中，最著名的就是位于慕尼黑以南的新天鹅城堡，它的主人是巴伐利亚的国王路德维希二世。新天鹅城堡修建于1869年，它的建筑草稿是由剧院的画家和舞台设计者创作的，所以整座城堡充满了梦幻般完美的童话气息。冬天，新天鹅堡静静地耸立在阿尔卑斯山的雪峰之间，超凡脱世，古老悠长。

"法兰克的罗马"

班贝克古城位于德国的巴伐利亚州，最初是东法兰克地区巴本贝尔格伯爵家族的居住地。这里拥有阿尔卑斯山北部唯一的教皇陵墓和深深植根于人们日常生活中的宗教文化，与罗马非常相似，因此，班贝克城被人们称为"法兰克的罗马"。美丽如画的风景，各式各样的建筑，丰富多彩的文化使班贝克呈现出了宁静优雅的中世纪古城风貌。

古老的班贝克城

"班贝克骑士"

班贝克的标志

1007年，巴伐利亚大公亨利希二世将班贝克升格为主教驻地，并在这里兴建了众多教堂。环顾整座城市，班贝克大教堂以其高耸的四座尖塔突出了自己的地位，它是班贝克的标志。教堂内部装饰得朴实无华，其中有一座德国中世纪最著名的雕塑——"班贝克骑士"，它的精美传神征服了许许多多的人。

德国最美丽的中世纪城门

吕贝克古城位于德国东北部，城西坐落着著名的荷尔斯泰因门，这座15世纪建成的城门一直是吕贝克古城的象征，也是德国最美丽的中世纪城门。大门顶上有一个古色古香的山墙，左右是两座巨型尖顶圆塔，像两个守卫城门的卫士。登上城门，可以眺望整个吕贝克古城。

荷尔斯泰因门被誉为德国最美丽的中世纪城门。

吕贝克最重要的建筑物

　　圣玛利亚教堂坐落在吕贝克古城中心的最高点，它大概修建于1250～1350年。整座建筑雄伟壮观，在波罗的海周边的城市，有不少教堂都是以它为蓝本修建的，它是吕贝克最重要的建筑物。在这座教堂里还有世界上最大的管风琴，德国著名作曲家布克斯特霍德曾在此担任管风琴师近四十年之久。大音乐家巴赫年轻时曾长途跋涉到此，专程来聆听他的演奏。

圣玛利亚教堂

吕贝克市政厅是德国最美、最古老的哥特式建筑之一。

吕贝克市政厅

　　与圣玛利亚教堂毗邻的市政厅，是德国最美、最古老的哥特式建筑之一，曾被周边地区视为修建市政厅的样板。它建于13～15世纪，是一座砖结构建筑，内部厅堂装饰得富丽堂皇。教堂外墙还点缀有色彩鲜艳的瓷砖，更显巍峨壮丽。在后来的几个世纪中，吕贝克市政厅一直是远近城市争相效仿的典范。

哥特式教堂的完美典范——科隆大教堂

哥特式建筑无法逾越的巅峰

　　科隆大教堂位于德国莱茵河畔的科隆市中心，被誉为"科隆的灵魂"。教堂外观巍峨而又不失轻盈雅致，它的中央是两座高达161米的尖塔，它们就像两把利剑直刺苍穹。教堂里还有色彩绚丽的玻璃窗和很多珍贵的藏品。历经六百多年打造与雕琢的科隆大教堂，犹如一件精致的艺术品，散发着神圣的光辉，它是中世纪哥特式教堂的完美典范与不可逾越的巅峰。

奎德林堡最古老的建筑

圣塞尔瓦蒂乌斯修道院教堂位于德国北部的奎德林堡，建于1129年。它矗立在旧城上方，骄傲地俯视着这座城市，似乎在向人们宣告，它不仅是城中最古老的建筑，而且还是这座城市沧桑历史的见证。教堂中建有三廊式地下祭室，这里长眠着德国的第一代国王和王后，开创了在教堂安葬王室成员的先河。

屹立在圣殿山上的圣塞尔瓦蒂乌斯修道院

音乐天才贝多芬的故居

在德国波恩市中心有一条叫做"波恩胡同"的小街，沿街有座三层老屋，这便是贝多芬的故居。1770年12月，著名音乐家贝多芬就出生在这里。1889年，波恩市民为了纪念这位音乐家，买下了这栋房子，把它建成了纪念馆。这里收藏着贝多芬的乐谱手稿、书信以及他曾经使用过的乐器等物品，共有一千多件。

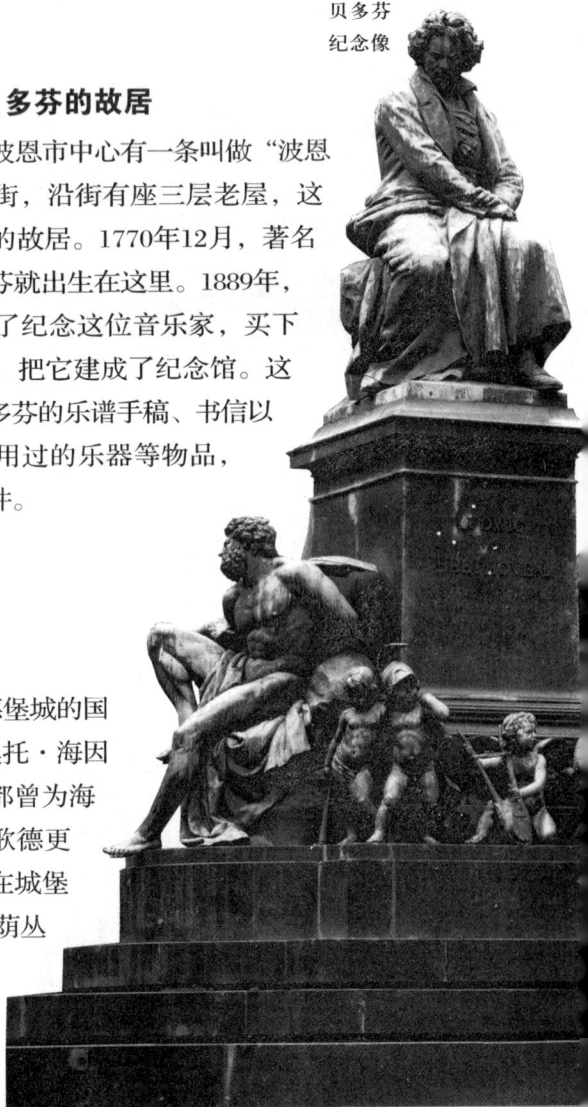
海德堡作为著名的旅游胜地，已成为美的象征。

贝多芬纪念像

"我的心遗失在了海德堡"

海德堡城堡建于12世纪，坐落在海德堡城的国王宝座山顶，主要建筑有伊丽莎白门、奥托·海因里希厅、玻璃厅、音乐厅等。无数诗人都曾为海德堡深深心动，写下了许多醉人诗篇，歌德更是将它称为"我的心遗失的地方"。站在城堡上远眺，一栋栋白墙红瓦的房屋点缀在绿荫丛中，古老的河流穿城而过，四周是辽阔的葡萄园，其景美不胜收。

欧洲封建王权的登峰造极之作

维尔茨堡宫位于德国中部的维尔茨堡，是18世纪维尔茨堡主教兼大公的府邸，也是德国境内最大最美丽的宫殿之一。在维尔茨堡宫南侧楼，修建有18世纪欧洲最美的教堂——宫廷礼拜堂。此外，宫廷花园也为维尔茨堡宫增添了一道亮丽的风景线，它体现了德国精湛的园林建造技术。

维尔茨堡宫是德国境内最大最美丽的宫殿之一。

教堂穹顶

加洛林时期的杰出建筑

亚琛大教堂位于德国西部的亚琛城，修建于公元805年。大教堂的中央呈八角形，外侧是两层结构的回廊，中间是红色大理石圆柱，顶部则是用色彩斑斓的石材建成的拱形天花板。教堂西侧的塔内保存着属于教会的圣物，其中最著名的就是圣母玛利亚的圣遗物箱。而教堂的铜门和栅栏，则是加洛林时期唯一保存下来的青铜制品。

宁静迷人的德国乡间

著名诗人歌德的故居

古城魏玛位于德国图林根州，德国著名诗人歌德的故居就坐落在城区的弗罗温波朗街，它是一座美丽的杏黄色二层小楼。歌德自1782年迁居到这里直至与世长辞，在此居住了50年之久。1885年，故居被正式开辟为博物馆向公众开放。一楼的房间均被改建为陈列室，二楼则是歌德的书房，他就是在这里完成了他的最后一部名著《浮士德》。

歌德的故居美丽又宁静，他在这里写下了不少文学巨著。

喜欢清静的德国人

德国人喜欢清静的生活。许多人虽在城里上班，但却把家安在远离都市的乡村。而且，在晚上8点到第二天早晨8点，不可以大声喧哗，更不能演奏乐器。否则，受到干扰的邻居会十分恼怒，他们甚至会请警察出面干涉。

荷兰

> "风车王国"——荷兰是农业、园艺业、畜牧业高度发达的国家。荷兰气候温和，环境优美，由风车、木鞋、郁金香所串起的如画美景，带给人们无数的梦幻与想象。

"低地之国"

荷兰位于欧洲西部，东面与德国为邻，南接比利时，西、北濒临北海，地处莱茵河、马斯河和斯海尔德河三大河流的入海口。"荷兰"在日耳曼语中意为"低地之国"，这里一半以上的土地低于海平面，1/3的面积仅高出海平面1米。所以从13世纪起，当地人就开始围海造田，一方面筑堤隔断海水，一方面设法排出堤内余水，形成可耕作的圩田，并在此基础上种植牧草，栽培花果，成为了欧洲重要的鲜花生产国。

繁花似锦的荷兰乡村

国家档案馆

正式名称	荷兰王国
首 都	阿姆斯特丹
面 积	41528平方千米
人 口	1634万(2006年)
官方语言	荷兰语

省→市镇

荷兰的行政区划分为省和市镇两级。目前全国共划分为12个省，即：德伦特、弗莱福兰、弗里斯兰、海尔德兰、格罗宁根、林堡、北布拉班特、北荷兰、上艾瑟尔、乌得勒支、泽兰、南荷兰。另外还有阿鲁巴和荷属安的列斯两个海外省。省下又设市镇，共有489个。首都为阿姆斯特丹。

荷兰被划分为12个省。

荷兰奶酪

荷兰是全世界牛奶产量最高的国家之一。对荷兰人而言，奶酪不仅是他们最喜爱的食品，更是当地历史、文化和社会生活中不可或缺的组成部分。荷兰奶酪又以产于豪达的最为有名，全国 60% 的奶酪都产自此地。豪达奶酪看上去长得像个黄色大车轮，表面覆盖着一层标明口味的薄蜡。这种奶酪乳味重，也最受欢迎，到荷兰不能不尝。

荷兰是全世界牛奶产量最高的国家之一。

时空隧道

"海上马车夫"：16世纪以后，荷兰凭借发达的造船业和高超的航海技术称霸于世。17世纪是荷兰的"黄金时代"，因为受惠于荷兰东印度公司，整个国家变得非常繁荣。这个时期的荷兰被称为"海上马车夫"。

"风车之国"

早在15世纪，荷兰人就发明了一种借助于风力来工作的"磨水"风车，它的功能是给地势低的围垦地排水。到了18世纪中叶，荷兰的风车多达一万多座。在没有电力的古代，荷兰人就是依靠巨大的抽水风车围海造地，不断扩大自己的生存空间。即便到了今天，荷兰境内的风车还有一千多座，是名副其实的"风车之国"。

荷兰风车

一年四季的荷兰节日

在春天的荷兰，全国各地都会举行各式各样的花展。夏天，在海牙的北海爵士音乐节上，每天都会举行8小时以上的现场音乐会，阿姆斯特丹还会举行帆船比赛。秋天来临的时候，荷兰各地都有大大小小、形形色色的花车及水果祭游行，阿姆斯特丹的花车游行队伍甚至长达5千米。冬天一到，荷兰人就会拿出收藏了一年的溜冰鞋和雪橇，耐心地等候溜冰马拉松比赛的来临，期望着能在比赛中大显身手。

节日里的荷兰人

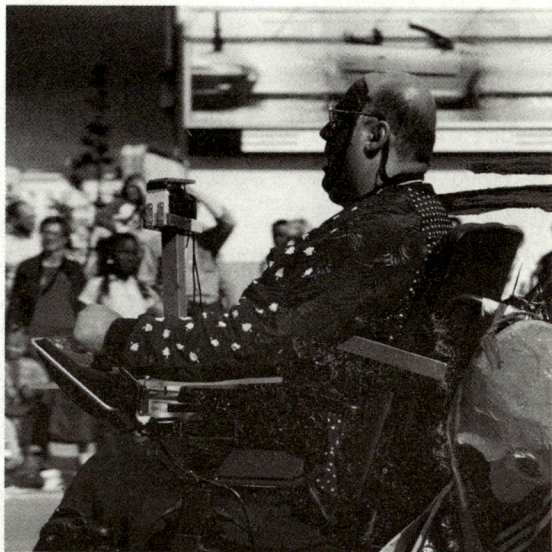

被森林、湖泊包围的避暑胜地

　　在位于荷兰心脏地带的阿培尔顿，有一片广大的森林，而荷兰皇室昔日的避暑胜地——"罗宫"就隐藏在这片森林之中。从1686年到1975年，它一直是荷兰皇家最钟爱的夏宫，现在则成为了博物馆。这里展出了大量的皇家物品，包括绘画、瓷器、银器和宫廷服饰，真实生动地再现了皇室300年来的家居生活。这座被森林、湖泊包围的夏宫，在褪去了它昔日的神秘之后，终于让平民百姓走近了这片原本只属于皇家的美景。

绿意盎然的罗宫，仿佛是一片世外桃源。

历史悠久的博物馆

　　已有64年历史的海牙市立博物馆，以充满亲和力的外观和丰富的近代艺术品收藏而受到人们的喜爱。博物馆里除了收藏有莫奈、梵高等著名画家的巨作之外，藏品多达4个大厅的蒙德里安画作更被称为"镇馆之宝"。另外，这里还收藏了大量近东、中东和远东地区的工艺品。而新修建的时尚画廊，面积约一百平方米，是专为展出国际时尚而开辟的。

海牙市立博物馆里收藏了很多著名画家的作品。图为莫奈名作《日出·印象》。

别具一格的国会大厦

　　在人们的印象中，国会大厦是一个充满了政治意味的地方，显得过于严肃。但位于海牙的国会大厦却是市区里最为引人注目的建筑。它修建于13世纪，置身于其中，完全没有普通国会建筑给人带来的庄严肃穆之感，倒让人感觉仿佛是在参观一座历史悠久的古堡。这里鸟群众多，湖水清澈，显得恬静而又浪漫，不仅引得游客驻足取景，连当地人也爱在湖边漫步，享受这份人文与自然相结合的雅致情调。

位于海牙的国会大厦仿佛是一座历史悠久的古堡。

现代美术作品的收藏地

位于阿姆斯特丹的博曼斯美术馆成立于1935年，由两位慈善家所设立的收藏品中心扩建而成。馆内的收藏包括了14世纪到19世纪中叶西欧重要画家的作品，比如鲁本斯的《苏珊娜富曼》，波希的《放汤子》、《地狱》、《加纳的婚礼》等都在馆藏之列。主宰19世纪画坛的画家梵高、莫奈、高更等人的作品也不少。此外，二楼还特别展出了20世纪的画作，收藏相当丰富。

毕加索的作品也被收藏在了博曼斯美术馆。

金德代克镇上的风车

荷兰的"商标"

在全世界，没有任何一个地方的风车会比荷兰金德代克镇还多。金德代克位于阿姆斯特丹附近，是一个小镇，正好坐落在阿尔布拉瑟丹低田地区。历史上，这里一直是洪水的多发区。大约在1740年，至少有19个坚固的风车在这里被投入使用。它们将多余的水抽出，然后排放到河流中。值得庆幸的是，这些风车保存到今天，依然完好无缺，成为了荷兰的"商标"。

风情小镇

豪达这个小镇除了盛产奶酪以外，自15世纪以来，它还以产蜡烛而闻名。这些蜡烛从简单的铅笔造型，到复杂的人体、动物样式，应有尽有，点燃后还会散发出各种香味。而且，游客们还可以自己制作蜡烛，并发挥创意染出自己喜欢的颜色。陶制烟斗也是豪达的一大代表，这里出售的烟斗都是手工制作而成，色彩缤纷，造型独特。人们在这里还可以看到制作烟斗的全过程。

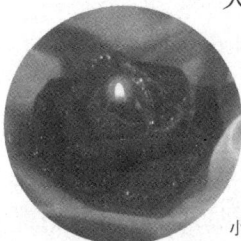

小镇豪达还以出产蜡烛而闻名。

木鞋是荷兰的代表之一。

穿木鞋的荷兰人

在荷兰，由于地势低洼，冬天寒冷潮湿，所以就留下了穿木鞋的风俗。木鞋用白杨木制成，穿在脚上既舒服又暖和。而且，它还是荷兰人馈赠亲朋好友的礼物。如果有人送你一双刚好合适的木鞋，那就意味着你是他最尊贵的朋友。

捷克

捷克森林遍布，风景优美，当地的水晶制品举世闻名。在这里，有"每个捷克人都是音乐家"这样一句民谚，当地人热爱音乐的程度由此可见一斑。

"中欧腹地"

捷克是欧洲中部的内陆国家，它东连斯洛伐克，南接奥地利，北邻波兰，西与德国相邻。捷克处在三面隆起的四边形盆地中央，土地肥沃，东部的摩拉瓦河－奥得河上游河谷地区是捷克盆地与斯洛伐克山地之间的地带，称为摩拉瓦河－奥得河走廊，自古以来就是北欧与南欧之间的交通要道。这里丘陵起伏，森林密布，风景秀丽。

捷克位于欧洲内陆，风景秀丽。

捷克首都布拉格的美丽景致

国家档案馆	
正式名称	捷克共和国
首　　都	布拉格
面　　积	78866平方千米
人　　口	1022万(2004年)
官方语言	捷克语

州→市

捷克境内的行政区划分为州和市两级。全国由13个州和布拉格直辖市组成。这13个州分别为比尔森、卡罗维发利、乌斯季、中捷克、南捷克、利贝雷克、赫拉德茨－克拉洛韦、帕尔杜比采、维索基纳、奥洛穆茨、兹林、摩拉维亚－西里西亚、南摩拉维亚，首都为布拉格。

"啤酒之都"

说起啤酒，除了德国以外，就不能不提捷克。捷克究竟有多少种啤酒，谁也说不清楚。在捷克，每个城市都有代表自己特色的啤酒，甚至一些啤酒馆本身就是小型酿酒厂，不愧为是"啤酒之都"。在捷克的各类啤酒中，最著名的品牌有号称"王者之酒"的"百威"啤酒，它曾经在16世纪初专供欧洲皇室饮用；而在捷克最受欢迎的首先就要数著名的"皮尔森"啤酒。

诱人的啤酒

1618年，"捷克事件"正式爆发。

时空隧道

捷克事件：1617年，德国皇帝马提亚任命自己的堂弟斐迪南为捷克的王位继承人。由于斐迪南信奉天主教，所以捷克的新教徒对此提出了强烈抗议，并由此掀起了反抗德皇的斗争。1618年，"捷克事件"正式爆发，这成为三十年战争的开端。

捷克的啤酒文化

所谓"酒香不怕巷子深"，捷克最著名最古老的啤酒馆一般都藏在僻静的小巷里。它们大都装饰豪华又古朴，弥漫着浓重的中世纪氛围。劳作了一天的捷克人，喜欢在啤酒馆里放松自己，谈论着永恒的酒馆话题。在历史上的高压政权统治时期，啤酒馆是人们仅有的几个能够秘密地交换看法的地方之一。在城市和乡村，那些散布在角落里的酒馆经过几个世纪的演变，已经成为了事实上的市政大厅，而捷克的"啤酒党"也从那时开始存在至今。

迎春节上的孩子们

迎春节

世界上的许多国家都有迎春节，虽然风俗各异，但都是春意浓浓。有些国家的迎春活动，充满了浓重的文化色彩，捷克的迎春节就是其中之一。每年的4月12日至23日，捷克人都过迎春节，男女老少会围坐在一起动手绘制色彩斑斓的彩蛋，并互相赠送，以表示大地回春、万物苏醒，期待在新的一年里五谷丰登，吉祥如意。

布拉格的美丽建筑

布拉格的地标建筑

圣维特大教堂是布拉格城堡最重要的地标，也是波希米亚历代皇帝加冕的地方。教堂始建于1344年，主楼高达97米，有"建筑之宝"的美誉。在教堂入口处，色彩艳丽的彩色玻璃是布拉格著名画家穆哈的作品，它们为这个有千年历史的教堂增添了不少现代感；在圣坛后方，还有纯银打造、装饰华丽的圣约翰之墓。这些灿烂夺目的建筑共同构成了圣维特大教堂的主体。

查理大桥

捷克的政治中心

在大多数人的印象里，布拉格是一个镶嵌在欧洲心脏的神秘之城，布拉格城堡就位于这里，至今已有一千多年的历史。公元9世纪时，捷克的伯尔士维亲王命人修建了这座城堡，它以圣维特教堂为核心，一片风格各异的建筑物围绕着它向四周延伸。长久以来，这里都是布拉格的政治中心，从那宽阔的广场和主持盛大活动的观礼台中，人们不难想象皇室当年的威严。

圣维特大教堂

捷克最古老的石桥

查理大桥横跨伏尔塔瓦河，是捷克最古老的一座石桥。桥长520米，宽10米，有16座桥墩，桥面为砖石所砌。查理大桥在过去是历任波希米亚国王的加冕大道，用于加冕的红地毯从火药塔铺起经查理大桥到达布拉格城堡，全长520千米。桥的两旁还耸立着30尊圣者先贤的雕像，它们大都是在17和18世纪塑造的，使整座大桥看上去古香古色。为了保护这座古老的桥梁，如今，查理大桥上已经不再允许任何车辆通行。

布拉格著名的天文钟

布拉格古钟

布拉格著名的天文钟位于市政厅的钟楼内。钟盘最外圈代表一年的365天，中间是12幅代表月份的图画，内圈是黄道12星座，正中央是布拉格城徽。钟盘的两侧有象征性的雕塑，上部还有以耶稣十二门徒为造型的机械木偶。每逢整点，十二门徒依次从两个小窗前走过，然后金鸡啼鸣，开始报时。钟声一响，市政厅下就会挤满抬头观看的人群。

布拉格巴洛克式宗教建筑的典范

建于17~18世纪的圣尼古拉教堂，被称为是布拉格巴洛克式宗教建筑的典范。今天人们所看到的圣尼古拉教堂，完工于1735年。教堂内的圆顶建筑绘有描述圣尼古拉和圣本笃生平的壁画。战争结束后，圣尼古拉教堂被归为捷克胡斯教派所有。在教堂的小巷内，一些15世纪的小酒店仍保持着当年的风貌，这里是当时的诗人、音乐家和学者们常常聚会的地方。

圣尼古拉教堂

捷克古城

特尔奇位于捷克的摩拉维亚，距首都布拉格东南120千米。特尔奇城始建于12世纪，这里至今仍完整地保存着文艺复兴时期的中欧市镇风貌。文艺复兴时期建筑艺术的主要特征之一——山形墙，目前就数特尔奇保存得最为完整。特尔奇不仅是捷克民间建筑艺术的宝库，更为研究欧洲城市的诞生和发展，提供了宝贵的实物资料。

古城特尔奇

波希米亚水晶

捷克南部的波希米亚，在16世纪初就成为了欧洲水晶玻璃艺术品的制造中心。这里出产的每件工艺品不仅晶莹剔透、造型别致，而且都具有独一无二的艺术魅力，成就了波希米亚水晶在全世界首屈一指的品牌地位。

奥地利

"音乐之都"奥地利以美丽的多瑙河和郁郁葱葱的森林景观著称于世。这个充满了浪漫情调的古老国家，以它独特的魅力和风采吸引了世界各地的游客。

"森林之国"

奥地利位于欧洲中部，西临德国和瑞士，东接匈牙利，南面则是意大利。在国歌中，奥地利被誉为"山峦叠嶂的国土，江河之畔的国家"。从地图上看，奥地利的形状就像一把小提琴，这里的山地面积占全国总面积的70%，东阿尔卑斯山脉覆盖了该国三分之二的土地，是欧洲的"森林之国"。境内山川秀美，河流众多，风景旖旎动人。

奥地利境内山川秀美，风景旖旎动人。

州→市→区→镇

奥地利是一个联邦共和国，它的行政区划分为州、市、区、镇四级。全国共分为9个州。它们分别是：布尔根兰、克恩滕、下奥地利、上奥地利、萨尔茨堡、施泰尔马克、蒂罗尔、福拉尔贝克、维也纳。其中，维也纳为联邦首府。

奥地利被划分为9个州。

国家档案馆	
正式名称	奥地利共和国
首都	维也纳
面积	83871平方千米
人口	811.8万(2003年)
官方语言	德语

维也纳的咖啡文化

咖啡是"维也纳三宝"之一，当地人喝咖啡的历史可以追溯到17世纪。在一种悠闲的氛围中，人们只要付一杯咖啡的钱，就可以在咖啡馆里会友、下棋、看书、读报。维也纳最出名的咖啡馆是位于市中心的中央咖啡馆。在第一次世界大战前，这里一直是著名诗人、剧作家、音乐家、外交官们聚会的地方，莫扎特、贝多芬、施特劳斯等都是这里的常客。因此，说"音乐之都"的空气里不仅流动着音乐的旋律，还弥漫着咖啡的清香，一点也不为过。

时空隧道

萨拉热窝事件：1914年6月28日，奥匈帝国皇储——斐迪南大公与他的妻子索菲，在波斯尼亚首府萨拉热窝被加夫里洛·普林齐普枪杀。奥匈帝国国王于1914年7月28日正式向塞尔维亚宣战。随后，俄国、德国、法国、英国等纷纷卷入战争，第一次世界大战爆发了。

萨拉热窝事件是第一次世界大战的导火线。

狂欢节上的奥地利男子

音乐之都

只要提起奥地利，人们就会想起贝多芬、莫扎特、舒伯特、海顿、约翰·施特劳斯等音乐大师的名字，因为这里是圆舞曲的故乡，也是许多著名古典音乐作品的诞生地，一直享有"音乐之都"的盛誉。从18世纪开始，这里就是欧洲古典音乐——"维也纳乐派"的中心。漫步维也纳街头，几乎到处都可以看见一座座造型逼真的音乐家雕像，这个城市的许多街道、公园、剧院、会议厅等都是用世界著名音乐家的名字命名的。

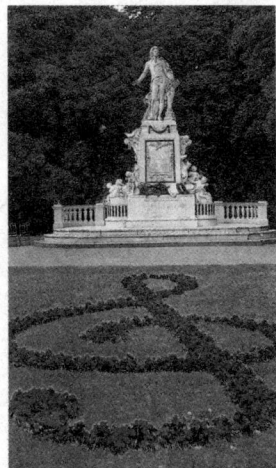

奥地利的很多城市都有音乐家的雕像。

奥地利民间狂欢节

奥地利民间最重要的节日，就是一年一度的狂欢节，它开始于复活节前40天。在节日期间，人们会吃斋饭、举行化装晚会，庆祝节日的到来。狂欢节的最后两天，在奥地利，无论男女老少都会戴着各种动物面具，穿上民族服装跳舞，把节日气氛推到最高潮。

奥地利的皇家宫殿

美泉宫位于维也纳西部山区，是奥地利哈布斯堡王朝从18世纪至1918年的皇宫和御花园。相传这里原是一片有清泉滋润的开阔绿地，马蒂亚斯皇帝为它取名为"美丽泉"，宫殿的名字便由此而来。整座建筑富丽堂皇、优雅别致，宫内有哈布斯堡王朝

雄伟壮观的美泉宫

历代帝王宴请欧洲皇室贵族的豪华餐厅和舞厅，宫殿长廊里则挂满了历代皇帝的肖像。1996年，美泉宫被联合国教科文组织列入了《世界遗产名录》。

圣斯特凡大教堂

欧洲杰出的哥特式建筑典范

圣斯特凡大教堂位于维也纳市中心，是欧洲较高的几座哥特式古建筑之一，带有浓厚的东欧教堂色彩。大教堂由一座主楼和三座楼塔组成，以南塔最为壮观，它高138米，呈锥体形直插云天。在北塔的钟楼里有一口名叫"普默林"的大铜钟。平时，"普默林"大钟是不能随意被敲响的，只有在新年来临的时候，"普默林"浑厚的声音才回响在静谧的夜空，向人们祝福。

维也纳金色大厅

维也纳最古老的音乐厅

维也纳金色大厅是维也纳最古老、也是最现代的音乐厅。因为这里有30座镀金的女神立像，因此被称为金色大厅。它自落成之后就成了世界上最著名的乐团——维也纳爱乐乐团的演出地点。这座音乐大厅专门上演大型音乐会，其中最著名的就是每年一度的新年音乐会。金色大厅也因为新年音乐会在这里演出而受到了全世界的瞩目。

有着古希腊建筑风格的议会大厦

维也纳市中心的议会大厦是奥地利国民议会和奥地利联邦议会所在地。1873年，著名建筑师特奥费尔·翰森受命建造了这座议会大厦。为了表示"民主来自于希腊"的含意，建筑师专门采用了古希腊的建筑风格。议会大厦前坐落着高达4米的喷泉雕像，它是阿西娜女神，其基座旁的塑像象征着流经奥地利的四大河流——多瑙河、莱茵河、易北河和摩尔多瓦河。

议会大厦

音乐是维也纳的灵魂。

"维也纳的灵魂"

维也纳国家歌剧院素有"维也纳的灵魂"之称，始建于1861年，它与意大利米兰斯卡拉歌剧院、英国歌剧院、美国大都会歌剧院并称为世界四大歌剧院。这里有两个芭蕾舞练习厅、三个歌剧练习厅、一个大彩排舞台、数十个独唱演员练习室，以及多个演员化妆间。歌剧院里还陈列着许多出自名家的精美油画和海顿、莫扎特、贝多芬、舒伯特、施特劳斯父子等音乐大师的塑像。

坚不可摧的古城堡

萨尔茨堡古城堡建于1077年，是大主教格博哈德主持修建的，它完全继承了中欧城堡的风格。在古堡漫长的历史中，没有任何进攻者能够攻占它。城堡过去是一座防御设施，间或也作为主教宫邸，同时它还充当过兵营和监狱的角色。沃尔夫·迪特里希主教就是在这里被他的侄子马尔库斯·西提库斯囚禁了五年之久。

萨尔茨堡古城堡

萨尔茨堡大教堂

萨尔茨堡最重要的宗教建筑

　　萨尔茨堡城中最重要的宗教建筑就是萨尔茨堡大教堂，它建造于公元774年，后来又经过了多次重建。它以雄伟的外观和巨大的圆形屋顶体现了阿尔卑斯山地区早期巴洛克式建筑的特点。在大教堂里有四座巨大的雕像，它们分别为手持钥匙和宝剑的圣徒彼得和保罗、手持盐瓶和教堂模型的州守护神圣徒鲁佩特和维吉尔。大教堂广场构成了宽阔的前庭，中央矗立着为希基斯蒙大主教建造的圣母柱。

大主教宫邸

昔日的主教宫邸

　　坐落在市中心的萨尔茨堡大主教宫邸是一片庞大的建筑群，其中包括了180个房间和3个大庭院，自16世纪末便形成了今日的风格。这里曾经居住过萨尔茨堡的诸位主教，他们修建宫邸的时间长达数百年。在多次改建中，大主教沃尔夫·迪特里希的设计给这座建筑留下了深远的影响。如今，大主教宫邸被萨尔茨堡市政府用于招待外宾和召开国际会议。

以神话为蓝本建造的花园

　　1606年，萨尔茨堡大主教沃尔夫·迪特里希下令为自己的爱人莎乐美·阿尔特建造了一座宫殿，当时人们称之为"阿尔特瑙"，这就是米拉贝尔花园。花园是以希腊神话为蓝本建造的，特别值得一提的就是拉菲尔·多纳建造的天使阶梯。它直接通往一个大理石大厅，这个大厅现在已经成为了世界上最美丽的婚礼大厅之一。

米拉贝尔花园

大主教的夏季行宫

　　海尔布伦宫位于萨尔茨堡附近的山区，又称"亮泉宫"。17世纪时，奥地利大主教马尔库斯让他的宫廷建筑师修建了一座以水景为主的游乐行宫，这就是海尔布伦宫的由来。喷泉是海尔布伦宫里最独特的景观，这里到处都是潺潺流水，环境清幽雅致。海尔布伦宫是阿尔卑斯山以北地区最美丽的建筑，如今，这座宫殿也是奥地利最宝贵的文化遗产之一。

恬静的海尔布伦宫

音乐天才的诞生地

莫扎特故居

　　在萨尔茨堡粮食街9号，有一座金黄色的6层建筑。1756年，莫扎特就诞生在这里。为了纪念他，当地政府于1917年把这里辟为莫扎特故居博物馆。这里陈列着一些简单的家具、莫扎特家族简介、莫扎特写的乐谱手稿和书信，还有他亲自设计的几部著名歌剧的微缩舞台布景。展品里最有意义的纪念品就是莫扎特用过的第一把小提琴和第一架钢琴。

城市公园里的约翰·施特劳斯塑像

中欧保护最完善的古城

　　欧洲文化之都格拉茨是奥地利施泰尔马克州的首府。美丽绵长的穆尔河穿城流过，将格拉茨分隔成新、老两个城区。老城区里有充满浪漫风情的钟楼古堡，它们与新城区时尚感十足的建筑互相映衬，为人们展现了一个古典浪漫和现代时尚相结合的格拉茨。

遥望格拉茨

维也纳新年音乐会

　　每年的1月1日上午，举世闻名的维也纳新年音乐会将在富丽堂皇的金色大厅举行。演出的曲目是被称为"圆舞曲之王"的小约翰·施特劳斯及其家族的音乐作品，由维也纳爱乐乐团演奏。

THE GUIDING
TOUR AROUND WHOLE
WORLD

游遍世界·中国学生最想去的100个最美的地方
第二章

亚洲

　　亚洲全称"亚细亚洲"，意为"旭日东升的地方"。这里风光旖旎，历史悠久，不仅是世界第一大洲，也是佛教、伊斯兰教和基督教的发源地。仔细阅读本章，您将领略博大、深厚的亚洲文明。随着亚洲地位的不断提高，其人文地理也受到越来越多的关注，许多旅游景点逐步为世人所认知。从它们的神秘面纱被揭开的那一刻起，世界也因此更加绚烂。从早已湮灭的古城吴哥到宗教圣地耶路撒冷，从风景秀丽如画的越南下龙湾到金碧辉煌的泰国大王宫……到目前为止，亚洲共有175处登记在册的世界遗产。这些或雄浑，或壮丽的自然和人文景观（除中国的景点以外）将在本章为您一一呈现。

● 日本

日本与中国"一衣带水"，拥有悠久的历史和独特的文化。这里有著名的富士山，美丽的樱花，风味独特的日本料理，还有青少年朋友们最喜欢的卡通漫画。

"群岛之国"

日本位于亚洲东北部，是西太平洋中的一个岛国。中国、朝鲜、韩国和俄罗斯都是它的邻居。全国由北海道、本州、四国、九州4个大岛和3900多个小岛组成。日本多山地和丘陵，境内有四分之三的面积都是山峦起伏。日本全国还有160多座火山，其中有50多座都是活火山，而且它还是世界上有名的地震区。

日本是"群岛之国"。

日本城区

国家档案馆

正式名称	日本国
首　　都	东京
面　　积	377880平方千米
人　　口	1.2774亿(2006年)
官方语言	日语

都道府县→市→町→村

日本的行政区划被分为都道府县、市、町、村四级。全国共分为1都（东京都）、1道（北海道）、2府（大阪府、京都府）和43县，这一层的行政划分被称为都道府县。都道府县下设777个市、850个町、199个村，共1826个市町村。另外，东京都下设23个特别区，北海道下有14个支厅。

日本料理

日本料理起源于日本列岛，在悠久的历史中逐渐发展成为独具特色的菜肴。日本料理的主食以米饭、面条为主，副食多为新鲜鱼虾等海产，常配以日本酒，以口味清淡著称。在日本料理的制作上，要求色自然、味鲜美、形多样、器精良。日本料理种类繁多，各地都有自己独特的地方风味，其中最有代表性的菜肴就是刺身、寿司、饭团、天妇罗、火锅、石烧、烧鸟等。

日本料理

茶道、花道、书道、香道

在日本，茶道是一种通过品茶来接待宾客的特殊礼节。日本人把茶道视为修身养性、提高文化素养和进行社交的一种手段。花道是日本的一种室内装饰艺术，是每个日本家庭生活中不可缺少的部分。书道也称日本书法，是日本的琴棋书画四大艺术之一。香道是指从艺术和信仰的角度来欣赏香料，也是日本的一种传统艺术。可以说，茶道、花道、书道和香道，是日本传统文化的精髓。

樱花节

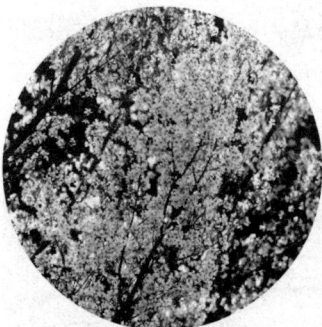
"欲问大和魂，朝阳底下看山樱。"

"欲问大和魂，朝阳底下看山樱"。樱花在日本已经有一千多年的历史，日本人认为人生短暂，活着就要像樱花一样灿烂。而且，樱花热烈、纯洁、高尚，严冬过后，它最先带来春天的消息。因此，日本政府把每年的3月15日至4月15日定为"樱花节"。这时，人们带上亲属，邀上友人，在樱花树下席地而坐，边赏樱、边畅饮，实为人生一大快事。

明治时期的日本一片欣欣向荣。

时空隧道

明治维新：1868年1月3日，日本明治天皇颁布了"五政复古"诏书，正式宣布明治维新运动的开始。他消灭了国内的封建割据势力，建立起了一个统一的中央集权国家，推行新制，使日本走上了发展资本主义的道路。

供奉明治天皇的宫殿

明治神宫位于东京市西部的涩谷区，是为了纪念明治天皇和昭宪皇太后而修建的神宫，建于1915年至1920年。进入神宫后可以看到当年为昭宪皇太后特建的御苑，面积广阔。在御苑南池旁的菖蒲田里，培育着150种菖蒲，每年6月中旬，大片菖蒲竞相开放，成为神宫的一大景致。宫内的殿堂都用桧木建成，上面雕刻有华美的花纹，精致非常。

明治神宫

东京最主要的商业街

东京有许多重要的商业街，银座是其中之一。

银座是东京最主要的商业街，它以华丽高雅、雍容大方、充满浪漫气息而著称于世。银座的地价之高在世界上屈指可数，而这里的高昂物价也是世界之最。在银座，既有品质高贵的百年老店，也有令人目不暇接的新潮店铺。如果说银座是一条极富魅力的大街，那么这里最为繁华的四丁目十字路口就是人们感受时代变迁的最佳地点。每逢节假日，这里就成为了购物者的天堂。

"亚洲第一游乐园"

东京迪斯尼乐园被誉为"亚洲第一游乐园"，它是仿照美国的迪斯尼公园而修建的，是目前世界上最大的迪斯尼乐园。它的主题乐园面积约为80平方千米。比美国本土的两个迪斯尼乐园还要大。这里有童话故事《灰姑娘》中的古老城堡，还有各种可爱的卡通人物。在园内到处都可以看到化装游行、音乐会和舞台表演，非常有趣。

东京夜景

夜幕下的东京塔

日本最高的铁塔——东京塔

东京塔是日本最高的一座铁塔，位于东京市内，于1958年建成。它是仿照法国巴黎的埃菲尔铁塔建造而成的，高333米，是东京的最高点。塔身为棱锥体，有黄、白两种颜色，鲜艳夺目。塔内有水族馆、餐厅、商店和咖啡厅等设施，塔上还有两个高达150米和250米的瞭望台。站在这里，东京市的景致尽收眼底。

日本民族的象征

富士山是日本第一高峰，也是日本民族的象征，被日本人民誉为"圣岳"。富士山位于本州中南部，东距东京80千米，面积90.76平方千米，海拔3776米，山峰高耸入云，山巅白雪皑皑。山体呈圆锥状，似一把悬空倒挂的扇子，日本诗人曾写下"玉扇倒悬东海天"、"富士白雪映朝阳"等诗句来赞美它。自日本有文字记载以来，富士山共喷发过18次，最后一次是在1707年，此后它就变成了休眠火山。

风景秀美、鲜花环抱的富士山

富士山下的明珠

富士五湖位于富士山下，从东向西分别为山中湖、河口湖、西湖、精进湖和本栖湖。其中以山中湖面积最大，而河口湖中的富士山倒影，被称作富士山奇景之一。西湖南边有红叶谷，秋天时这里的景色十分迷人。精进湖是观赏富士山南面风光的理想地点。本栖湖是五湖中位置最偏西的一个，这里的湖水深蓝澄清，终年都不会结冰。

宁静的富士五湖

日本有很多别具一格的建筑，合掌屋便是其中之一。

天人合一的建筑

在风景如画的日本歧阜县白川乡荻町，有一种独具特色的建筑——合掌屋。这是因为当地的房舍外貌酷似人的双掌相合，所以才有了这样一个名字，这些建筑物已有400年的历史。合掌屋的特征是不用任何钉子，只用绳子绑扎或采用有黏性的木头来接合房屋架构。合掌屋内部包括了起居室、厨房、浴室和贮藏室，再往上就是阁楼，设施齐全。1995年，联合国教科文组织把白川乡的荻町合掌屋集落列入了《世界遗产名录》。

"白鹭城"

姬路城位于日本山阳地区的姬山之上、本州平原的中心，自古以来就是战争时期的最佳据守点，它是日本现存古代城堡中规模最宏伟的一座。姬路城依山而建，城堡的外形好似一只高雅的白鹭，所以它又被称为"白鹭城"。它始建于14世纪，拥有高度发达的防御系统和精巧的防护装置。城堡周围还有好古园、男子千姬天满宫和兵库县立历史博物馆等建筑。

樱花开放时节的姬路城

玲珑别致的神社

东照宫是日本最为玲珑别致的神社建筑，位于栃木县日光市日光山上，于1636年建成。东照宫摹仿了中国古代建筑，布局依势而设，有铜瓦屋顶，彩色精细木雕，为桃山艺术的典型代表。宫内的阳明门非常有特色，它以黑、白两色为基调，上面雕刻着金、蓝、红色的龙、狮等鸟兽。阳明门之后是具有中国特色的白色唐门，门上刻有中国式狮子。日光的东照宫是17世纪日本最富创意、最具文化特色的建筑杰作，在日本建筑史上具有无可取代的地位。

东照宫

宁静优雅的金阁寺

金阁寺，原为大臣西园寺恭经的别墅，修建于14世纪，后归幕府将军足利义满所有，并进行了大规模的翻修和扩建。它高达三层，第二和第三层的外墙用金箔贴成，远远望去，金光闪闪，所以叫做"金阁寺"。在它的塔顶尾部装饰着一只金铜合铸的凤凰，更为这座建筑平添了几分美丽。寺前是以镜湖池为中心的庭园，身影华丽的金阁倒映在镜湖池中，宁静优雅，别有一番景致，堪称京都的代表性景观。

金阁寺

清雅幽静的银阁寺

环境清幽的银阁寺

银阁寺位于京都东山山麓，1482年由足利义满的孙子足利义政按金阁寺的造型修建。银阁寺以清净幽雅的独特风貌和金阁寺的光彩夺目形成了鲜明的对照。它修建于1482年，是一座精致的两层阁楼。第一层被称为心空殿，是出家人念佛修道的地方；第二层被称为潮音阁，是禅宗佛堂。银阁寺既是寺庙，也可以居住，这里环境优美，风景宜人。

修建在瀑布旁的古老寺院

清水寺

同样位于东山山麓的清水寺也是京都的著名寺院之一，建于公元798年。清水寺的正殿修建在悬崖边，前半部分是悬空的，下面由139根高大的圆木支撑，高达数十米。寺院造型典雅，结构非常巧妙，整个建筑没有使用一根钉子。音羽瀑布自寺旁的山崖顺流而下，水流清澈，长年不断，被列为日本十大名水之首，清水寺的名字也由此而来。

京都最古老的寺院

广隆寺是日本飞鸟时代修建的古寺，也称太秦寺，位于京都市右京区太秦蜂冈町，是京都最古老的寺院。广隆寺的灵宝殿内供奉着飞鸟时代的佛像，其中的弥勒菩萨半跏思维像被定为日本第一号国宝。每年10月12日晚在这里举行的"太秦牛祭"，是京都的重要节日之一。

寺院中的佛像

雕梁画栋的二条城城门

日本的著名古堡

二条城是幕府将军在京都的住所。里面有豪华的房间，房间里挂满了书法绘画作品，画上镶嵌的金箔熠熠生辉。穿过雕刻精美、装饰华丽的前门，是一系列的会见室。第一间大厅里挂有华美的绘画，天花板则用平顶镶板来装饰，将军常常在这里接待各级官员。走廊铺设的是"莺声"地板，如果有人走在上面，地板就会发出黄莺鸣叫般的声响。

日本最长的殿堂

三十三间堂是京都的古建筑之一，为莲华王院的正殿，建于1164年。该堂进深17米，南北长120米，是日本最长的殿堂。堂内每隔3～5米，就会有一根立柱，共有32根，把殿堂间隔成33间，所以叫做"三十三间堂"。殿堂正中供奉有一尊巨大的木造11面千手千眼观音像，左右两侧各有500尊金色观音立像，把整座大殿衬托得金碧辉煌。

三十三间堂

日本的"故宫"

京都御所是日本的旧皇宫，又称"故宫"。一千多年来，它一直是历代天皇的住所，后来又成为了天皇的行宫。京都御所位于京都上京区，它前后被烧毁了七次，现在的皇宫是在孝明天皇年间重建的，占地面积广阔。京都御所四周有高高的围墙，里面有宫门9个、大殿10处、堂所19处，宫院内种着很多松柏和樱花，风景宁静优雅。

京都御所是日本的"故宫"。

日本最古老的木结构建筑

俯瞰法隆寺

修建于公元607年的法隆寺位于日本奈良县，是日本最古老的木结构建筑。寺庙分东西两院，共有四十多座古建筑，其中最著名的就是五重塔和金堂。五重塔就像几层重叠的屋檐，越往上越小，给人一种飘逸的感觉。金堂则是一座安置释迦三尊像的圣殿。另外，法隆寺还收藏了很多日本在建筑、雕刻、绘画和美术方面的精品杰作。

"日本最美的古佛塔"

位于奈良的药师寺是在公元680年建造的。它曾经遭到两次火灾，但寺内的三重塔却保存完好，所以这座塔至为尊贵，被日本政府定为国家文物珍宝。塔高33.8米，被誉为"日本最美的古佛塔"。如果你仔细观察这座塔，会发现它的重檐并不是从下到上依次变小，而是参差不齐的，这就是它与众不同的地方。

三重塔

日本被称为"印章之国"。

印章之国

在日本，几乎每个人都有印章。根据法律规定，上班、领工资、交税、向政府办理各种登记手续、从银行贷款、签订商业契约、取得公证或领取其他重要证件等，都必须使用印章。有些人出于个人爱好，还收藏有各式各样的印章。

韩国

韩国历史悠久，经济发达，是亚洲的"四小龙"之一。这里风景优美，名胜古迹众多，而且还有泡菜、烤肉等许多美食。

半岛国家

韩国位于朝鲜半岛的南部，北边就是它的邻居——朝鲜。韩国面朝黄海，东南面隔着朝鲜海峡与日本相望，它的西海岸同中国山东半岛的最短距离只有190千米。韩国山地多，平原少，海岸线曲折，除与大陆相连的半岛之外，还拥有3000个大小不一的岛屿。洛东江、汉江、蟾津江都是韩国的著名河流。

韩国是一个半岛国家。

韩国城市风光

国家档案馆	
正式名称	大韩民国
首　　都	首尔
面　　积	99600平方千米
人　　口	4725.4万(2005年)
官方语言	韩语

道→市→郡→区→面→邑→洞→里→统

韩国的行政区划分为"道"、"市"、"郡"、"区"、"面"、"邑"、"洞"、"里"、"统"九级。全国共分为9个道、1个特别市和6个广域市。这9个道依次为：京畿道、江原道、忠清南道、忠清北道、庆尚南道、庆尚北道、全罗南道、全罗北道、济州道；一个特别市指首尔；6个广域市依次为：仁川、光州、大田、大邱、蔚山和釜山。

韩国泡菜

在韩国，有这样一句俗语："没有泡菜的饭不是给韩国人准备的。"泡菜是韩国的美食之一。它以蔬菜为原料制成，不仅美味爽口，还有丰富的营养，是韩国人餐桌上不可缺少的开胃菜。韩国泡菜，香辣开胃，百吃不厌，还有助消化和抗癌的作用。现在，泡菜已经成为了韩国的代表。

泡菜是韩国的著名美食。

韩国又被称为"白衣民族"。

"白衣民族"

传统韩服大体由衣、裤、袍组成，这种结构从古至今都没有变化。按身份各穿其服，是韩国人的一个传统，因此韩国的服饰是显示身份的重要标志。平民一般穿白色服装，所以韩国又被称为"白衣民族"。当地人的日常服装以白色为主，辅以淡雅的花色，而礼仪装、童装则讲究华丽美观。

韩国"大望日"

韩国人同样也过元宵节，只不过他们称正月十五为"大望日"。这一天要吃用五种以上的谷物煮成的五谷饭，祈盼来年五谷丰登。在正月十五晚上，人们会放"鼠火"，意思就是用火烧田埂上的杂草，以此来迎接春天的到来。这一天，当地人还会放风筝。太阳落山后，人们就拉断丝线放飞风筝，这样，灾祸就随着风筝飞走了。

时空隧道

亡伊起义：12世纪初，高丽王朝十分腐败，王室成员、贵族、地方土豪把土地据为己有，人民生活极为困难。1176年1月，高丽公州贱民区的鸣鹤所在首领亡伊的领导下发动起义。1177年7月，亡伊不幸被捕，并被国王处死，亡伊起义以失败而告终。

国王派来的使者被亡伊赶走了。

昌德宫的敦化门

韩国"故宫"

昌德宫又名乐宫，是韩国的"故宫"，位于首都首尔，修建于1405年，在韩国保留下来的朝鲜王朝的五座古老宫殿中最具传统典范，也是韩国迄今为止保存最完整的一座宫殿。进入宫殿正门后是皇帝处理朝政的仁政殿，殿内装饰华丽，还摆放着帝王御座。殿后的东南部分以乐善斋等建筑为主，这里是王妃居住的地方，里面陈列着王冠、王服以及墨宝、武器和其他手工艺品。

独具特色的景福宫

景福宫始建于1394年，由几座大型建筑物构成。宫内最大的建筑——勤政殿，曾是国王上朝听政之所。而造型独特的庆辉楼则是国王设宴招待众臣和外国使节的地方。当年，如果王室成员需要单独聚会，那他们就会来到荷塘中央的乡远亭。另外，景福宫里还竖立着许多有历史意义的石塔和石碑。

景福宫也是韩国著名的古建筑。

水原华城

韩国杰出的防御工事

水原华城是韩国宝贵的文化遗产，它是李氏朝鲜第22代国王正祖为了守卫父亲的陵墓而建造的。水原华城城墙长6000米，被认为是韩国设计最为科学的城墙。它于1794年开始修建，37万人经过2年9个月的辛苦劳作，终于在1796年9月完工。这里安装有各种军事设施，既能防御敌人的偷袭，也能向敌人发起攻击，不愧为杰出的军事堡垒，充分反映了韩国人民的聪明才智。

"韩国最精美的佛寺"

佛国寺是庆州地区最大的佛教寺庙，被誉为"韩国最精美的佛寺"，是韩国第一号历史遗迹。它掩映在一片青山绿树之中，寺内的主殿有大雄殿、极乐殿、毗卢殿和观音殿，虽然它们的规模并不大，但都修建得十分精致。佛国寺的石造古迹都是用花岗岩建造，无论是菩萨和信徒的肖像，还是雕刻在基座上的浮雕，形象都非常精美逼真。

风景优美的佛国寺

前方后圆的寺院

石窟庵中的大佛

石窟庵是佛国寺的附属部分，由巧夺天工的石雕组合而成。因为它是在一个由自然巨石凿成的石窟之内建造的，所以得名为"石窟庵"。它由前室和后室两部分组成，中间有一条走廊相连。它的前室呈方形，后室呈圆形，整个布局为"前方后圆"式。石窟庵雕凿手法奇特，被誉为"韩国建筑中的空前绝后之作"。

跳舞的韩国青年

韩国的著名温泉

釜谷温泉位于德岩山麓，泉水温度高达78℃，是韩国的著名温泉。由于这里的地形好似一口锅，故得名为"釜谷"。釜谷温泉含有硫磺、硅、氯、钾、铁等二十多种矿物质，对人类的呼吸系统疾病、神经痛、风湿、皮肤病等都有治疗作用，还可以帮助人们缓解身心疲劳。

温泉可以缓解疲劳，令人身心愉悦。

韩国姓氏

韩国人的姓名多由姓氏及双音节名字构成。而且，韩国人以姓金、李、朴、崔、郑、张、韩、林的人为最多。其中，姓金的人占了韩国总人数的21%。而且，和中国一样，韩国妇女婚后虽然并不随夫姓，但其子女大多随父姓。

土耳其

土耳其是一个横跨欧亚大陆的伊斯兰教国家，被称为"文明的摇篮"。独特的地理位置、异彩纷呈的历史文化遗产丰富了这里的旅游资源。

"东西桥梁"

土耳其横跨欧亚两洲，有"东西桥梁"之称。亚洲部分的领土位于小亚细亚半岛，欧洲部分则位于巴尔干半岛东南部。土耳其东界伊朗，东北邻格鲁吉亚，东南与叙利亚、伊拉克接壤，西北和希腊毗连，北滨黑海，隔地中海与塞浦路斯相望。境内的博斯普鲁斯海峡与达达尼尔海峡、马尔马拉海是沟通黑海和地中海的唯一水道，战略位置十分重要。

省→县→乡→村

土耳其的行政区划分为省、县、乡、村四级。全国共分为81个省、600个县、3.6万多个乡村。首都安卡拉坐落在安纳托利亚高原的西北部，是一座高原古城，海拔900米左右。伊斯坦布尔则是土耳其最大的城市，也是土耳其的历史古都和工商业中心。

国家档案馆

正式名称	土耳其共和国
首都	安卡拉
面积	783600平方千米
人口	7330万(2006年)
官方语言	土耳其语

土耳其被称为"东西桥梁"。

俯瞰土耳其著名古都——伊斯坦布尔

土耳其烤肉

土耳其烤肉色泽明亮，香嫩可口，营养均衡，是土耳其著名的美食。它是用十几种调料将牛、羊肉进行浸泡腌制后制成的。用旋转式电烤肉机把肉加热烤熟，然后从烤肉柱上一片片削下来，把肉同沙拉等配料装入面饼中，这样一来，人们就可以大饱口福，品尝美味的土耳其烤肉了。

美味的土耳其烤肉

土耳其浴

传统的土耳其浴最早起源于西亚的安纳托利亚地区。土耳其人将东罗马人用大理石修砌的浴池，与穆斯林的净身方式相结合，形成了一种新的洗浴方式，这就是"土耳其浴"的由来。然而，对当地人来说，土耳其浴绝不仅仅只是普通的洗澡，土耳其人也习惯于在浴室里用洗浴的方式举行各式各样的庆典。

开斋节

"开斋节"是伊斯兰教的重要节日之一。穆罕默德在教义中规定：每逢伊斯兰教历的9月，成年穆斯林人都要斋戒一个月，即每天从破晓到日落之间禁止饮食，一直到月底看到新月为止，这个月后的第二天就是开斋节。斋戒期满，一切就恢复正常了。

土耳其城市一景

攻占君士坦丁堡

时空隧道

攻占君士坦丁堡：13世纪，奥斯曼突厥部落宣布独立，并于1326年从拜占庭手中夺取了布鲁萨，定为首都，正式建立了奥斯曼帝国。1453年，国王穆罕默德二世攻占了君士坦丁堡，随即迁都，并将它改名为伊斯坦布尔。

土耳其的象征

圣索菲亚大教堂始建于公元325年，是土耳其古都伊斯坦布尔最大的教堂。它呈长方形，长80.9米，宽70米，整个建筑气势庄严雄伟。教堂从不同的角度看都有不同的效果，它既有罗马建筑的特色，又有东方艺术的韵味，是土耳其最有名、也最有代表性的古代建筑。这座美丽的大教堂历史悠久，几经沧桑，经过了多次重建和改建，其身世与伊斯坦布尔的历史紧紧相联。

圣索菲亚大教堂

圣索菲业广场位于教堂附近。

古城的文化娱乐中心

圣索菲亚大教堂对面有一个修建于拜占庭时期的广场，君士坦丁大帝在位时进行了扩建。广场总长400米，宽120米，拥有10万个座位，是当时伊斯坦布尔古城的文化娱乐中心，专门用来举行战车比赛。现在旧址上仍然耸立着高大的石碑、铜柱和砖砌的尖塔，南部还有一系列大理石墓葬，显得雄伟壮观。

伊斯坦布尔的著名建筑

蓝色清真寺建于17世纪，又称苏丹·艾哈迈德清真寺，是伊斯坦布尔非常著名的建筑。因为清真寺的内部装饰着两万多块蓝色瓷砖，它的名字便由此而来。清真寺的大圆顶直径达27.5米，另外还有30个小圆顶，它们相互辉映，显得非常壮观。寺内还铺满了厚厚的深红色地毯，极富伊斯兰民族风格。当阳光穿过260个小窗照射进来的时候，整个清真寺看上去美丽绝伦。

蓝色清真寺

苏雷曼尼亚清真寺内景

奥斯曼建筑的最高代表

位于伊斯坦布尔的苏雷曼尼亚清真寺建于16世纪中期，当时正是奥斯曼帝国国力最为强盛的时期，所以苏雷曼尼亚清真寺也可以说是奥斯曼建筑的最高代表。清真寺的大圆顶直径为26.5米，由4根高53米的粗石柱支撑。整个清真寺内部的装饰都是对称的，给人一种匀称美。苏雷曼尼亚清真寺不像蓝色清真寺那样华丽，但它却显得庄严肃穆。

朵马巴恰皇宫的内部装饰

土耳其古代国王的宫殿

朵马巴恰皇宫是土耳其古代国王的宫殿，现在是伊斯坦布尔的著名旅游景点。皇宫占地70平方千米，有43间厅堂和285个华丽的房间，宽广的大厅里还有56根圆柱，装有750个巨大的水晶吊灯，将整个皇宫装点得金碧辉煌。土耳其共和国第一位总统凯末尔，就是在朵马巴恰皇宫去世的，所以皇宫里的每一座时钟都固定在9点5分，也就是总统去世的时间。

奥斯曼帝国的中心

在博斯普鲁斯海峡与金角湾及马尔马拉海的交汇点上，有一组富丽堂皇的宫殿群，这就是15～19世纪奥斯曼帝国的中心——托普卡帕宫。其中著名的建筑有1472年修建的彩石砖阁与谒见厅、保留着先知穆罕默德圣物的圣堂、为纪念1638年攻下巴格达而修建的巴格达亭等。今天的托普卡帕宫成为了一座博物馆，这里收藏有土耳其历代国王从世界各地收集来的艺术珍品。

托普卡帕宫的庄严门

远眺博斯普鲁斯海峡

土耳其的著名海峡

　　博斯普鲁斯海峡又称伊斯坦布尔海峡，它北与黑海相连，南与马尔马拉海和地中海相连，把土耳其分隔成亚洲和欧洲两部分。海峡全长30.4千米，最宽处为3.6千米，最窄处仅有708米，最深处达到120米，最浅处只有27.5米。在海峡中段，两岸各有一个修建于14～15世纪的古堡，历史古迹与自然风光相映生辉，使这里成为了伊斯坦布尔的著名旅游景区之一。

气势宏伟的博斯普鲁斯海峡大桥

欧洲第一大吊桥

　　在博斯普鲁斯海峡南端的最窄处，架设着欧洲第一大吊桥——博斯普鲁斯海峡大桥。它气势雄伟，连接着欧亚大陆。整座桥长1560米，桥面宽33米，桥的两端各有一个"门"字形的桥塔。大桥没有桥墩，整个桥身用两根巨大的钢索牵引支撑着桥面，宛如一条长虹飞架在海峡两岸，方便了两大洲人民之间的往来。

广场上的方尖碑

拜占庭帝国的标志

　　位于伊斯坦布尔的赛马场广场呈长方形，广场上有三座纪念碑，它们象征着历史上强大的拜占庭帝国。最靠近喷泉亭的是"君士坦丁纪念柱"，它记录了君士坦丁大帝的丰功伟业。广场最远处的方尖碑是拜占庭皇帝从埃及尼罗河畔的卡纳克神殿运过来的，这个方尖碑一直被视为世界上最宝贵的文化遗产之一。

珍藏着精美壁画的博物馆

位于伊斯坦布尔的卡里耶博物馆起初只是一所教堂，后来被改建成了博物馆。这里的马赛克壁画描绘了基督及圣母的一生，包括了天使报喜、诞生马槽、基督行使神迹、基督赐福、圣母的生与死及各位圣徒使者等内容。虽然壁画有点残破，但色泽却依然明亮，人物表情也栩栩如生，具有很高的艺术价值。

当地人的住房与岩林石窟和谐共存。

神秘的岩穴建筑

在土耳其的卡帕多希亚，有一片庞大的岩穴建筑，其中最著名的就是地下城镇。它们规模惊人，其中最大的一个从地面到地底共有58层，约55米深，面积相当广阔。地下城里有起居室、厨房、酒窖、教堂、储藏室等房间，据说当年可容纳一万多人居住。但是，这些地下城镇究竟有多大，它们是怎样被开凿出来的，这些问题至今仍是个谜。

卡帕多希亚的岩穴建筑

世界上最重要的考古遗址之一

特洛伊遗址是小亚细亚青铜时代和早期铁骑时代的城市遗址，它位于土耳其安纳托利亚西北的特洛亚斯平原，北面是达达尼尔海峡。这里就是古希腊诗人荷马的不朽史诗《伊利亚特》中描写的特洛伊战争的战场，也是世界上最重要的考古遗址之一。站在遗址上，人们可以通过这些建筑想象当年的特洛伊城。

特洛伊遗址

土耳其地毯

奥斯曼土耳其帝国的手织地毯业非常发达，它通常在专业的手工作坊中织成，极富异国情调，深受西方人的喜爱。在当时，拥有土耳其地毯是富有和身份的象征，它们常常会出现在欧洲皇室贵族的财产及遗产记录中。

印度

印度有着悠久的历史和灿烂的文明，是世界四大文明古国之一。几千年的文化积淀使印度成为了一个充满神秘色彩的国度。

印度是南亚次大陆面积最大的国家。

南亚次大陆面积最大的国家

印度是南亚次大陆面积最大的国家，它的西北与巴基斯坦接壤，东北与中国、尼泊尔和不丹为邻，东边和缅甸、孟加拉国相接，东南濒临孟加拉湾，南面隔印度洋与斯里兰卡、马尔代夫相望，西南临近阿拉伯海，扼守亚、非、欧和大洋洲的海上交通要道。

国家档案馆	
正式名称	印度共和国
首　都	新德里
面　积	2980000平方千米
人　口	10.9亿(2005年)
官方语言	英语、印地语

印度全国有28个邦。

邦→专区→县

印度的行政区划分为邦、专区和县三级。全国有28个邦、6个联邦属地及1个国家首都辖区。每一个邦都有各自的民选政府，而联邦属地及国家首都辖区则由联合政府指派政务官管理。印度各邦的名称来历不同，有的与地理环境有关，有的与当地的特点有关，有的则与当地的历史或居民有关。

咖喱天堂

印度人做菜喜欢用调料，如咖喱、辣椒、丁香、茴香、肉桂等，其中用得最多的还是咖喱粉。咖喱粉用胡椒、姜黄、茴香等二十多种香料调制而成，呈黄色粉末状。印度人对咖喱粉可谓情有独钟，几乎每道菜都用，如咖喱鸡、咖喱鱼、咖喱土豆、咖喱菜花、咖喱饭、咖喱汤等等。除了咖喱粉，印度市场上还出售各式各样的调料。

咖喱饭是印度美食之一。

"牛的王国"

印度被称为"牛的王国"，牛是当地最神圣的动物。作为重要的生产工具，牛在印度古代被看作是大地的化身，象征着丰饶、财富和生产力。在印度教中，牛还是大神湿婆的坐骑。所以，在印度，杀牛是有罪的，食用牛肉更是罪过。在路上开车时，一定要注意不能撞着牛，更不能配戴牛的有关制品进入寺庙，同时最好也尽量避免以牛为摄影对象。

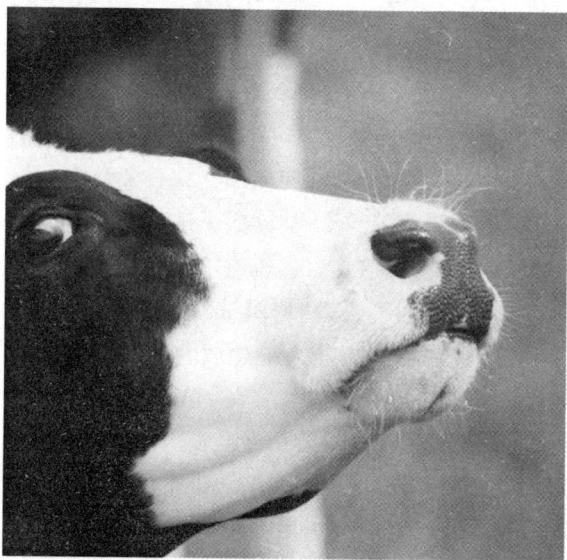
牛是印度最神圣的动物。

印度排灯节

排灯节是印度的传统节日，它的庆祝仪式和当地新年有些相似，就是点灯、穿新衣、放鞭炮。印度教徒认为，炫目的灯光和刺耳的鞭炮声可以赶走恶魔，迎接吉祥天女带来财富。因此排灯节对于印度商人来说，就显得特别重要。以前，人们在排灯节上点燃的都是油灯，但现在都被蜡烛或灯泡所取代。

名人堂

甘地（1869年～1948年）：甘地是印度民族解放运动的著名领袖。他提倡宽容，反对暴力。他领导印度人民与英国殖民者进行斗争，为印度的民族独立做出了巨大贡献。1948年，甘地被一个极端分子枪杀。

阿格拉古堡也被称为"红堡"。

红色城堡

阿格拉古堡是印度建筑中的明珠。它始建于1638年，位于德里东北部的亚穆纳河上，当年是莫卧儿王朝的王宫。因为古堡全部用红砂石建成，因此也被称为"红堡"。雄伟的阿格拉古堡俯视着亚穆纳河，红色砂岩建成的城墙绵延2.5千米。整个古堡显得庄严华丽，是印度－伊斯兰艺术顶峰时期的代表作。

薄雾笼罩下的泰姬陵

伊斯兰建筑的完美典范

泰姬陵坐落在亚穆纳河南岸，它景象壮观、气势磅礴，被列为世界七大建筑奇迹之一。泰姬陵是莫卧儿帝国的皇帝沙·贾汗为纪念他的妻子玛哈尔·蒙·泰姬而建造的。它由前庭、正门、蒙兀儿花园、陵墓主体以及两座清真寺组成。主体建筑呈八角形，中央是半球形的圆顶，全部都用白色大理石建成。陵墓两旁各有一座用红砂岩修建而成的清真寺，使整座泰姬陵显示出了对称之美。

胡马雍陵

印度最早的莫卧儿式建筑

胡马雍陵位于德里东部亚穆纳河畔，是莫卧儿王朝的国王胡马雍的陵墓。整个陵园呈长方形，四周环绕着长约两千米的红砂石围墙。它的主体建筑是一个高达24米的正方形陵墓，陵体四周有四座大门，陵墓顶部则是半球形的白色大理石圆顶。整座建筑规模宏大，布局完整，巧妙地融合了伊斯兰教建筑和印度教建筑的风格。

印度国父的陵园

甘地陵位于阿格拉古堡东南方，在亚穆纳河畔，它是印度国父甘地的陵园。甘地是印度近代史上一位杰出的政治家，也是印度民族独立运动的著名领袖，这座陵园就是为纪念他而修建的。安放有甘地遗体的石棺由几块黑色大理石砌成，放置在陵园中央的平台上，每天都有人到甘地陵来凭吊，缅怀他的不朽业绩。

甘地和印度人民在一起。

阿克巴大帝的陵墓

阿克巴陵位于阿格拉北部约10千米的锡根德拉，它始建于阿克巴大帝逝世前3年。17世纪末，陵墓遭到破坏，现在保留下来的只有地下室里的王陵。墓前是一座高22.6米的大门，门的四角耸立着4个高达25.9米的塔楼。陵墓用红砂岩砌成，四角用圆塔和白色的大理石来衬托，形成了一组灵秀完美的建筑。

阿克巴陵位于阿格拉以北。

到寺庙朝圣的印度苦行僧

印度最大的清真寺

贾玛寺是印度最大的清真寺，由莫卧儿王朝的沙·贾汗大帝建造而成。整座寺庙全部由红砂石修砌，寺顶是3个由白色大理石砌成的穹形圆顶，上面点缀着镀金的圆钉和黑色大理石条带。寺庙两侧各有一座用红砂石和白色大理石混合砌成的拜塔，塔内有130级台阶，登上塔顶，可以眺望德里市区的景观。在这里，虔诚的伊斯兰教徒会一边行礼，一边诵念经文。在这种充满神圣气氛的环境下，会让人真实感受到宗教的力量。

瓦拉纳西最重要的印度教庙

杜尔迦女神庙位于瓦拉纳西市区南郊，庙中供奉的是湿婆神的妻子帕娃提神像，女神塑像有10只手，每一只手都拿着武器，造型奇特。寺庙四周有红色的高墙围绕，庙内栖息着很多猴子，它们四处攀墙爬树，逍遥自在，因此，人们又把杜尔迦女神庙叫做"灵猴庙"。杜尔迦女神庙是瓦拉纳西最重要的印度教庙宇，在印度教节日期间，教徒们会在此进行祭祀。

瓦拉纳西独特的建筑群

达麦克塔

奇特的达麦克塔

达麦克塔位于瓦拉纳西市的鹿野苑。这座塔分为两层，下部是较粗的圆柱形，上部是个圆锥形。奇怪的是，这座塔的上半部呈黑褐色，下半部则呈灰白色。原来这座塔的下半部曾被掩埋于地下，只留塔的上半截在地上，后来才被一位考古学家挖掘出来。因为塔的上半部长期暴露在外，被蒙上了一层灰，所以才呈现出与下半部截然不同的颜色。

金碧辉煌的庙宇

金庙是15世纪时的锡克教第五代宗师阿尔琼创建的，1830年重修时，用了100千克的黄金，把它的表面装饰得灿烂耀眼，因此得名为"金庙"。金庙环池而建，池水被奉为圣水，来这里朝圣的教徒都要在这里沐浴，用圣水洗涤心灵。金庙的主体建筑修建在水池中心，金光闪闪的外表和精巧的外观，在水光的映照下显得更加金碧辉煌。

圣水旁的祈祷者

神圣的恒河浴场

恒河是印度文明的摇篮，被印度人尊称为"圣河"。在印度人心目中，这条河中的水能治百病。恒河两岸有很多浴场，其中最著名的就是恒河浴场。参观浴场的最佳时间是在早晨，因为会有成千上万的印度教徒，站在冰冷的恒河里，口中念念有词，请求神灵洗去他们的罪行。浴场旁边有很多小艇出租，游客可以搭乘小艇在河上来往，欣赏恒河的美丽景色。

在恒河中沐浴的印度人

古老的桑吉佛塔

在印度博帕尔附近的桑吉村有一座桑吉佛塔，是公元前3世纪由阿育王建造的。佛塔中央是半球体坟冢，坟冢由砖石砌成，表面镶贴着一层红色砂石，后来又加砌了砖石，顶部增修了一个方形平台和三层华盖。佛塔还建有四座塔门牌坊，塔门上有很多优美的人物雕像，堪称稀世之珍。整座佛塔看上去雄浑古朴，庄严秀丽。

桑吉佛塔

印度石窟造像艺术的巅峰

阿旃陀石窟位于印度马哈拉施特拉邦的一个半山腰上。阿旃陀石窟共有29窟，其中有25窟是僧房，另外4窟是佛殿。这些石窟环绕在半山腰，有大有小，有高有低。石窟里有大量保存完好的精美壁画，壁画的内容有的是关于释迦牟尼的，有的则反映了古代印度人民的生活，画中的人物、花卉形象逼真，十分引人注目。

阿旃陀石窟群

印度纱丽

纱丽是印度妇女最爱穿的一种服装，它庄重、雅致、大方、美丽，常被穿着出现在正规场合。印度纱丽实际上就是一块完整的四五米长的布或丝绸，穿在身上，显得摇曳多姿，别有一番风韵。

伊拉克

位于两河流域的古巴比伦是四大文明古国之一，悠久的历史造就了伊拉克灿烂的文化。如今的伊拉克，是在古城遗址上发展起来的现代国度。

"河川间的土地"

伊拉克位于亚洲西南部，科威特、伊朗、土耳其、约旦都是它的邻居。幼发拉底河和底格里斯河是这里的两条主要河流，它们自西北向东南流过全境。伊拉克是连接波斯湾、地中海、非洲和亚洲的战略要地，是通往地中海和阿拉伯海的门户之一，也是进入亚洲的交通要道，所以伊拉克的地理位置非常重要。

伊拉克是通往地中海和阿拉伯海的门户之一。

伊拉克风光

国家档案馆

正式名称	伊拉克共和国
首　都	巴格达
面　积	441839平方千米
人　口	2880万(2005年)
官方语言	阿拉伯语

省→县→乡→村

伊拉克的行政区划分为省、县、乡、村四级。全国被划分为18个省，它们分别是：安巴尔、埃尔比勒、巴比伦、穆萨纳、巴格达、纳杰夫、巴士拉、尼尼微、济加尔、卡迪西亚、迪亚拉、萨拉赫丁、杜胡克、苏莱曼尼亚、卡尔巴拉、塔米姆、米桑和瓦西特。

伊拉克烤鱼

在伊拉克，当地最有特色的美食就是烤鱼。鱼是从底格里斯河里捕捉上来的，个大肉嫩，肥而不腥，活杀现烤，讲究火候，具有色、香、形、味俱佳的特点。伊拉克人沿用古老的传统习俗，用粗壮的树干在地上打个桩，将整条鱼挂上去，然后点着木炭慢慢地烤。吃的时候拌以酱汁，同时放入西红柿片、洋葱丝，味道特别棒。

伊拉克最有特色的美食就是烤鱼。

时空隧道

汉穆拉比与法典：汉穆拉比是古巴比伦的第六代国王，在位43年，他不仅统一了两河流域，还颁布了举世闻名的《汉穆拉比法典》。它是人类历史上第一部最完备的成文法典，对古代希腊、罗马，甚至西方近代的法律制度都产生了深远影响。

两河文明

两河文明是人类历史上最古老的文明之一。它发源于幼发拉底河与底格里斯河流域，相当于今天的伊拉克一带。苏美尔人是两河流域最早的居民，最初的文明就是他们创造的。后来的阿卡德人、巴比伦人和亚述人继承和发展了苏美尔人的成就，使两河文明成为了人类文明史上最重要的一页。两河文明在世界历史上开创了27个"第一"，其中的汉穆拉比法典就是人类历史上最早的一部法典。

在汉穆拉比统一两河流域之前，这一地区曾发生过多次战争。

宰牲节

宰牲节是伊拉克的传统节日，又称"古尔邦节"。它与开斋节、圣纪日一起，被尊为伊斯兰教的三大节日，而且还是最大的节日。在过宰牲节时，大多数家庭都要买来活羊宰杀，向真主表示感谢，以示庆贺，并经常将牛羊肉免费赠送给贫困的人。

古城巴格达

伊拉克首都巴格达位于伊拉克中部、横跨底格里斯河两岸，是伊拉克的政治、经济、宗教和文化中心。"巴格达"一词来源于古波斯语，意为"神赐的地方"。这里历史悠久，文化底蕴深厚，是一座名副其实的文化古都。城中有9世纪时兴建的天文台，有1227年建成的穆斯坦西利亚大学，这里还有军事、自然和兵器等几十个博物馆，其规模堪称中东各大城市之最。

古城巴格达的妇女

世界七大奇迹之一

空中花园是世界七大奇迹之一，它位于巴格达以南25千米处，传说是尼布甲尼撒二世为取悦他的妃子而修建的。花园有25米高，占地面积广阔。花园里还修建了一层一层的台阶，每层台阶都形成了一个小花园。而且，花园与花园之间还有可以纳凉的小屋。整座花园用设计先进的水渠网来灌溉，所以这里的植物四季常青。

空中花园遗址

坚固的巴比伦古城墙

巴比伦城修筑得如同堡垒一般，它有内外两道城墙，外城墙长达16千米，由外、中、内三道围墙组成。外墙用砖砌成，厚约3米，中墙和内墙各厚约7米，可以容纳一辆四匹马拉的战车在上面奔跑。内城墙也由内外两道砖砌的围墙构成。巴比伦城门的两侧墙上，还装饰有巨大的神牛雕像和神龙雕像，图案很精美。

巴比伦古城墙复原图

古代阿拉伯人象征

巴格达西南部有一处重要的历史古迹——巴比伦之狮。它是用巨大的岩石雕琢成的塑像，象征着古代阿拉伯人不畏强暴、勇于斗争的英雄气概。长时间的日晒雨淋，使狮身的后半部出现了裂缝，连狮嘴也断落了。但狮身上放置鞍子的凹痕仍然依稀可辨，据说这里是阿什塔尔神站立的地方。

古巴比伦的石狮雕像

雄伟壮丽的巴比伦通天塔

巴比伦通天塔修建在一块洼地上，一共有七层，塔基的长度和宽度与塔高相近，都是91米左右。塔上还有环形阶梯，能一直到达塔顶的神庙。在高耸入云的塔顶上，还建有供奉马尔都克神的神殿，塔的上部是仓库和祭司们的住房。通天塔是古代巴比伦人祭祀神灵的场所，修建这座塔的目的，就是通过各种祭祀活动来获得神灵的护佑。

想象中的通天塔施工图

地下城堡

在巴格达市中心有一座六层楼高的"信徒宫"，这里是当年萨达姆在担任总统期间的办公与生活地点之一。虽然地面上的大部分建筑已经在战争中被破坏了，但地下的掩体却完整地保存了下来，并逐渐成为了一个旅游景点。这个大型掩体共有三层，可容纳250人在里面生活，这里设施齐全，完全可以防范敌人发动的袭击。而且，地堡内还设有通往底格里斯河的200米长的地道。

伊拉克人的颜色禁忌

伊拉克人总讳黑色，认为黑色是丧葬的颜色，会给人不幸的感觉。同时他们也很讨厌蓝色，把蓝色视为魔鬼的代表。另外，伊拉克人禁止在商业上使用橄榄绿。

以色列

以色列有森林覆盖的高地，也有郁郁葱葱的山谷；有干旱的沙漠，也有海岸平原。独特的风俗文化吸引了来自世界各地的游人。

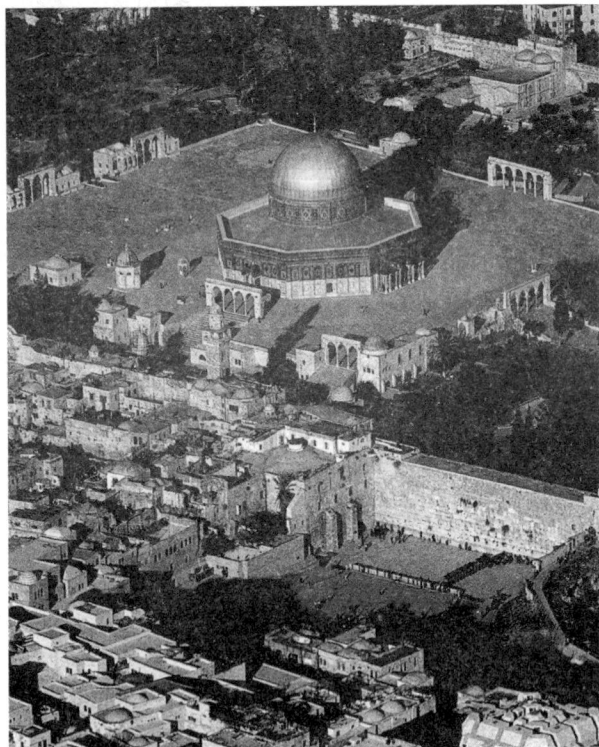
俯瞰圣城耶路撒冷

中东大陆交界处的国家

以色列位于中东大陆交界处，北与黎巴嫩相临，东北部与叙利亚接壤，东面是约旦，西濒地中海，南连亚喀巴湾。以色列南北长470千米，宽135千米，地形狭长，境内的平原地区分布在沿海，东部则是山地和高原。地球表面的最低点——死海，就位于以色列。

国家档案馆

正式名称	以色列国
面 积	25000平方千米
人 口	699万(2005年)
官方语言	希伯来语、阿拉伯语

远眺耶路撒冷

区→分区→市→地方委员→地区委员会

以色列的行政区划分为区、分区、市、地方委员、地区委员会五级。全国划分为6个区，30个分区，31个市，115个地方委员会，49个地区委员会。这6个区分别为：耶路撒冷、特拉维夫、中央、海法、南部和北部。其中，耶路撒冷和特拉维夫都是以色列的重要城市。

以色列披塔

披塔是以色列最受欢迎的美食，它是一种圆形面饼，外形有点像面包，中间是空心的，像个口袋，所以有些地方把它叫做"口袋面包"。披塔的制作过程并不复杂，当地人在家里也能烘制，但前提是必须事先将炉子加热到220℃，否则披塔就很难形成口袋的形状。在吃披塔前，当地人都喜欢往里面加入一种叫做"胡姆斯"的酱料，味美可口。

披塔的外形有点像面包。

犹太人的诞生地

以色列是犹太人的诞生地。这里不仅孕育、开启了犹太民族四千年的悠久历史，而且造就了犹太民族独特的宗教和文化面貌。尽管大多数犹太人曾在罗马统治时期被迫流亡他乡，但这里仍然是他们的精神依托之地。在颠沛流离的岁月里，犹太人从未中断或忘记与这片土地的联系，他们每天都会面朝耶路撒冷的方向，祈祷着"明年重返耶城"。

在普林节上，人们会精心装扮。

普林节

普林节是以色列的一个重要节日，它纪念的是从恶魔哈曼手中拯救犹太人的英雄——埃斯塔。在普林节人们会吃"恶魔哈曼的耳朵"，它是一种像油条一样的食品，象征着除掉听信邪恶诡计的耳朵。而且，人们还会穿上节日服装，戴上面具，举行丰富多彩的活动。

名人堂

三任国王：公元前1030年，以色列进入联合王国时期，这时出现了以色列历史上最著名的三个国王，他们就是扫罗、大卫和所罗门。扫罗英勇善战，大卫是以色列人最崇拜的国王，而联合王国在所罗门统治时期进入了黄金时代。

示巴女王朝见所罗门。

岩石圆顶
大清真寺

耶路撒冷的地标

岩石圆顶大清真寺位于以色列的耶路撒冷，它建于公元前687年。这座有着金色圆顶的美丽建筑，堪称耶路撒冷的地标，不论从任何角度远眺耶路撒冷城，都能看见岩石圆顶大清真寺闪烁的光芒。清真寺呈八角形，每边长21米，它的圆顶由金箔贴成，顶上有新月形的柱子，墙壁由大理石砌成，并用无数蓝色调的彩砖拼贴成了各种图案和《古兰经》的经文。

伊斯兰教的重要圣地之一

阿克萨清真寺位于耶路撒冷老城的东部。它于公元780年被地震摧毁，后来几经翻修，而现在保存的大部分建筑，是11世纪扎希尔哈里发时代遗留下来的。清真寺的主体建筑高88米，长70米，宽35米，寺内耸立有53根大理石圆柱和49根方柱。它是为了纪念穆罕默德从圣地麦加跋涉到此而建，现在已成为伊斯兰教的重要圣地之一。

阿克萨清真寺位于耶路撒冷老城的东部。

圣墓教堂内的"圣十字架之钉"祭坛

基督教的圣地

圣墓教堂又称复活教堂，是基督教的圣地。它耸立在耶路撒冷老城卡尔瓦里山上。根据《圣经》记载，耶稣在耶路撒冷地区传教时遭到迫害，后来他被钉死在十字架上，但他死后3天又复活了。为了纪念耶稣，人们便建造了这座教堂。教堂里面有耶稣的坟墓和钉死耶稣的十字架。每年复活节的时候，会有成千上万的基督教徒，从世界各地赶来，举行纪念耶稣的活动。

"信仰和团结的象征"

哭墙

哭墙又称"西墙"，位于耶路撒冷老城的东部，长50米，高18米，墙基深入地下，由一方巨石砌成。10世纪时，以色列国王在耶路撒冷的锡安山上建造了所罗门圣殿，但圣殿曾先后被巴比伦人和罗马人摧毁，所以犹太人就常常聚集在西墙哭泣和祷告，"哭墙"这个名字也由此而来。千百年来，哭墙记录了犹太民族的历史，它被视为信仰和团结的象征。

犹太人心灵的故乡

被复原的犹太区局部图

从雅法门到锡安门之间是耶路撒冷古城内的犹太区。除了哭墙之外，区内最高的建筑就是雅法门附近的大卫城塔。在犹太区的遗址当中，还有一座毁于以色列独立战争时期的胡瓦犹太教会堂，现在只留下了一片断壁残垣。而公元70年被罗马军队焚烧的房屋和工场，见证了耶路撒冷犹太时期的结束，现在已改作博物馆，借以提醒犹太人牢记整个民族被迫害的历史。

耶路撒冷古城门

在耶路撒冷古城，仍然保存着16世纪时土耳其帝国修建的城门，它们包括了雅法门、大马士革门、希律门、狮子门、黄金门、敦门、锡安门、新门等等。不同的城门可以分别通往不同的宗教区。比如，雅法门位于城西，专供瞻仰圣城的游客入城，进入之后就是基督教区。

通向犹太地区的锡安门

女子也要当兵

在以色列，凡是18岁以上的国民都必须当兵。不仅男子要接受3年的军事训练，就连女子也要过上2年的军旅生活。女子除了当兵之外，在34岁之前，每年还要接受1个月的军事训练。

菲律宾

菲律宾不仅有美丽的自然景观，西方情调也颇为浓郁。东西方文化与古老的民风民俗在这里融合，为这个岛国蒙上了一层神秘的面纱，吸引着世界各地的游人。

菲律宾被誉为"千岛之国"。

"千岛之国"

"千岛之国"菲律宾位于亚洲东南部，东临太平洋，西濒南中国海，被7107个岛屿环绕，其中较大的岛屿有吕宋、棉兰老、萨马等，约占国土总面积的96%。菲律宾是个多山国家，山地占全国面积的3/4以上。而且，菲律宾地处火山带，著名的阿波火山海拔2954米，是全国的最高峰。

国家档案馆	
正式名称	菲律宾共和国
首　都	大马尼拉市
面　积	299700平方千米
人　口	8520万(2005年)
官方语言	英语

菲律宾全国有17个大区。

大区→省→市→镇→乡

菲律宾的行政区划分为大区、省、市、镇和乡五级。全国有17个大区，79个省，117个市，1500个镇，41975个乡。这17个大区包括了首都区、山脉区、伊洛戈区、卡加颜河谷区、中吕宋区、南他加禄区、比科尔区、西维萨亚区、中维萨亚区、东维萨亚区、西棉兰佬区、北棉兰佬区、南棉兰佬区等。

"水果王国"

菲律宾群岛层峦叠翠，地理位置优越，雨量充沛，土壤肥沃，郁郁葱葱的热带植物覆盖着1/3以上的国土面积，为水果的生长提供了得天独厚的自然环境，使它有了"水果王国"的美称。在这里，终年都有香蕉、菠萝、芒果、火龙果、榴莲、葡萄等新鲜水果上市，完全没有淡季和旺季之分。

菲律宾是"水果王国"。

菲律宾舞蹈

舞蹈是菲律宾文化的一部分，菲律宾各地的音乐舞蹈丰富多彩，融合了马来、西班牙和穆斯林三种风格。陶壶舞是菲律宾的乡村民间舞蹈，每逢喜庆佳节，人们就会用优美的舞姿抒发对美好生活的热爱。被视为国舞的"竹竿舞"则反映了菲律宾人友善、可爱、热情的民族个性。

阿提阿提汉狂欢节

阿提阿提汉狂欢节是菲律宾最受欢迎的传统节日。最初举办这个节日是为了对当地的土著人表示尊重，现在却已经成为了菲律宾最重要的旅游项目之一。在狂欢节上，人们会穿上用树叶和贝壳制作的服装，并用烟灰把脸部涂黑，使自己看上去更像土著部落的武士。在节日当天，大型传统歌舞活动会一直持续到太阳落山，热闹非凡。

1898年6月12日，菲律宾宣布独立。

狂欢节上的人群

时空隧道

菲律宾独立史：菲律宾人的祖先是亚洲大陆的移民。后来，西班牙人侵占了菲律宾，建立了殖民地。经过菲律宾人民的长期斗争，1898年6月12日，菲律宾终于宣布独立。

石块砌成的古老城堡

圣地亚哥堡位于大马尼拉市巴石河与马尼拉南港之间的三角地带，它建于1590年，当时属于西班牙殖民时期。古堡全部用石块砌成，上面设有放置大炮的高台，前面是护城河，门口附近有一个大理石陵墓，这里埋葬着一批二战中的死难者。古堡的一侧还有一排安装着铁栅栏的牢房。在菲律宾革命时期，许多爱国将士曾被关押在此。

圣地亚哥堡大门

大马尼拉市最大的教堂

马尼拉大教堂建于1571年，它曾6次毁于战火，又经过6次重建，至今仍保持着原来的风格。它的内部有8个附属教堂，五颜六色的玻璃窗上装饰着各种美丽的图案，青铜大门上镌刻着有关教堂的历史故事，大门两旁还竖立着圣徒塑像。教堂内珍藏着大量的青铜制品、镶嵌工艺品和雕塑等，堪称一座博物馆，而且它还是大马尼拉市最大的教堂。

马尼拉大教堂

"世界上最完美的火山锥"

马荣火山是菲律宾最大的活火山，在黎牙实比西北，有完整的火山锥，高两千四百多米。马荣火山呈圆锥形，顶端被熔岩所覆盖，呈灰白色，绮丽而壮观，被人们誉为"世界上最完美的火山锥"。马荣火山至今仍时常冒烟。白天，不断喷出的白色烟雾凝结成云，遮住山头。入夜，烟雾呈暗红色，整个火山像一个巨大的三角形蜡烛座耸立在夜空中，气势极为壮观。

菲律宾境内火山众多。

风景独特的国家公园

普林塞萨地下河国家公园位于菲律宾巴拉望省北岸圣保罗山区，占地面积约两百多平方千米。这里给人印象最深的就是圣保罗山区的喀斯特地貌景观。因为河流从地下穿过，所以形成了奇特的岩溶地貌。公园的主要景点是"圣保罗洞"，洞内有各式各样的钟乳石和石笋。公园内生物资源丰富，有红树林、苔原、海草地、珊瑚礁等，具有特殊的保护价值。

普林塞萨地下河国家公园

图巴塔哈群礁海洋公园的北礁岛

海洋生物的乐园

图巴塔哈群礁海洋公园位于菲律宾西南部。公园包括了珊瑚礁、阔礁湖和两个珊瑚岛，面积达332平方千米，风景非常美丽。这里的海洋生物种类异常丰富，其中仅鱼类就有379种。人们在这里可以看到醒目的蓝色长吻双盾尾鱼，闪着红色银光的笛鲷鱼群等等。而且，这里还生活着罕见的海蛇，它们常常会游到水面来呼吸。

菲律宾的最高峰

阿波火山是菲律宾的最高峰，海拔2954米。它是一座活火山，至今仍然经常冒烟。山的南坡有极富传奇色彩的土达亚瀑布。这条瀑布从岩石上飞泻而下，瀑布的响声时而清脆，时而沉重，非常奇特。菲律宾政府围绕阿波火山修建了阿波公园，园内有温泉、硫磺矿和珍稀动物——吃猴鹰等。

阿波火山

菲律宾鹰

菲律宾鹰是菲律宾境内最大的猛禽，俗称吃猴鹰，现在濒临绝种。此鹰身高1米，有4～7千克重，展翼时身体达2米宽，主要猎食山猫、松鼠和猴子。

菲律宾鹰

马来西亚

马来西亚是一个美丽而神奇的热带国度，浓密的椰子林、洁白的沙滩、蔚蓝的海洋，使它被世人誉为"东南亚的一块宝石"。

东南亚的中心

马来西亚位于东南亚的核心地带，领土包括西马和东马两个部分。西马位于马来半岛南部，北与泰国接壤，南隔柔佛海峡与新加坡相望，东临南中国海，西濒马六甲海峡。东马与印尼、菲律宾、文莱相邻。除了和泰国接壤外，马来西亚其他三面都环海。从地图上看，它就像一片树叶漂浮在太平洋和印度洋之间。

国家档案馆	
正式名称	马来西亚
首　　都	吉隆坡
面　　积	330257平方千米
人　　口	2626万(2005年)
官方语言	马来语

州→县（省）

马来西亚全国分为13个州。

马来西亚全国分为13个州，各州下设立有县，东马还存在省。全国包括西马的11个州和东马的沙巴、沙捞越两州，另外还有3个联邦直辖区。这13个州包括了吉打、吉兰丹、玻璃市、丁加奴、槟榔屿、森美兰、彭亨、霹雳、雪兰莪、柔佛、马六甲等。

马来西亚被世人誉为"东南亚的一块宝石"。

马来料理

马来西亚是美食家的天堂。人人喜爱的沙爹、咖喱饭、印度煎面包、力沙等美食应有尽有。不过，在当地最受欢迎的还是马来料理。马来料理就是马来菜，主食是米饭，主要开胃菜是"肉骨茶"，它用虾发酵，配合香辛料及辣椒调制而成，味道很棒，马来人每餐必吃。另外，当地的家常菜还有炸鸡、炸鱼及咖喱牛肉等。

马来料理在当地最受欢迎。

马来西亚曾经是英国的殖民地。

时空隧道

马来西亚独立：20世纪初，马来西亚成为了英国的殖民地。后来，英国又成立了"马来亚联合邦"，它的一切统治权都由英国控制。经过长期的斗争，各国政府终于签订了关于成立马来西亚的协议。1957年9月16日，马来西亚宣告独立。

华人新年

马来西亚华裔在每年的农历正月初一，都会庆祝一年中最盛大的节日——农历新年。除夕夜那天，一家大小会共吃团圆饭。新年期间，一些华人特有的习俗在这里仍然可以看到，如祈求神明保佑合家平安、举行舞狮采青活动等等。在很多华人家庭，对幼辈或未婚者，大人都会给压岁钱，商业中心和酒店还会有舞狮表演等节目，欢庆节日的到来。

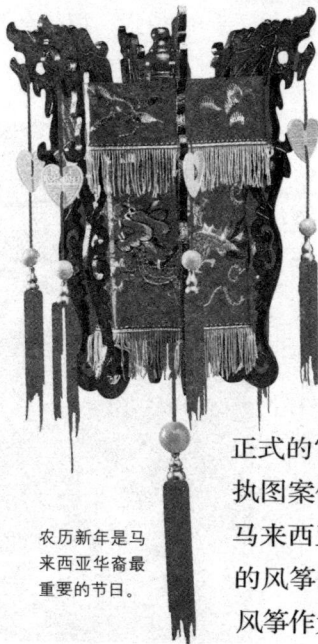

农历新年是马来西亚华裔最重要的节日。

马来西亚的风筝文化

每年4月，稻谷丰收之后，就是马来西亚各地放风筝的季节。马来西亚人喜欢放风筝，可以追溯到几个世纪以前，据说是为了向稻神致意。马来西亚风筝的形状有鱼、鹰、猫、鹦鹉等，然而人们最喜欢的还是月亮风筝。在正式的官方场合，马来姑娘常常手执图案优美的月亮风筝迎接贵客。马来西亚政府还经常组织各种类型的风筝比赛，当地的航空公司也把风筝作为标志。

吉隆坡的象征

在吉隆坡市区，耸立着高达515米的吉隆坡塔。它雄伟壮观，令人叹为观止，堪称吉隆坡的象征。吉隆坡塔是世界最高的一座钢筋水泥塔，塔高421米，使用了45000立方米水泥。作为一座无线通讯塔，吉隆坡塔被用来提升无线通讯的质量以及广播传输的清晰度，它是马来西亚无线通讯业的一个里程碑，是世界排名第四的通讯塔，也是南亚第一高塔。

吉隆坡市有很多著名建筑。

吉隆坡塔是吉隆坡市的象征。

国王的宫殿

国家王宫本来是一个富有的中国商人的住宅，于1926年出售，改建成了雪兰莪苏丹的王宫。它位于中央车站以南，是一幢金黄色圆顶式建筑，墙为白色，带有大阳台。在马来西亚，黄色代表着皇家的尊贵，所以只有国王可以走黄色的地毯，而其他的官员和贵宾则走红地毯。在重要的国家庆典上，王宫张灯结彩，耀目生辉，皇家的花园会、授职仪式、招待会等，都在这里举行。

最高法院所在地

苏丹亚都沙末大楼坐落在独立广场对面，它是1897年建成的，曾经被用作政府行政大楼，如今是最高法院的所在地。大楼的中部是一个40米高的钟楼，很像英国伦敦的大本钟，钟楼覆盖着金光闪闪的半球圆顶，顶端竖有130米高的钟塔，是摄影家们的最爱。节日期间，大楼四周会装饰许多五光十色的彩灯，使整座建筑看上去更显美丽壮观。

苏丹亚都沙末大楼

印度教徒的朝拜圣地

黑风洞是印度教徒的朝拜圣地，位于马来西亚首都吉隆坡。这里有一组石灰岩溶洞群，其中以暗洞和光洞最为有名。光洞高50~60米，宽70~80米，洞顶有孔，阳光可以通过这个孔射进来。洞内有各种形状的钟乳石，里面还有几座印度教神龛。暗洞在光洞左侧，长达2000米，洞中地形陡峭曲折，栖息着蝙蝠、白蛇和蟒蛇等多种动物。

黑风洞外风景秀美。

东南亚最大的高原避暑胜地

云顶高原是马来西亚新开发的避暑地区，位于吉隆坡东北50千米处，是东南亚最大的高原避暑胜地。这里山峦重叠，林木苍翠，花草繁茂，空气清新怡人，东面有森巴山，西面是朋布阿山，登山公路迂回曲折。云顶的建筑群位于海拔1772米的鸟鲁卡里山，在这里既可以饱览变幻莫测的云海，也可以在夜间欣赏吉隆坡辉煌的灯火，绚丽无比。

云顶高原是东南亚最大的高原避暑胜地。

东南亚的著名海滩

位于槟城的巴珠菲冷宜海滩水清沙细，是东南亚的著名海滩。这里既有连绵浩渺的大海，又有清新秀美的山峦，兼有山海之胜。当地政府20世纪70年代末就在此开辟了快乐山别墅区，而当地居民也可在家中接待旅游者。

汽车轮胎就是用橡胶制作的。

水清沙细的巴珠菲冷宜海滩

"橡胶之国"

在马来西亚，超过一半的土地都是著名的橡胶园。这里的天然橡胶产量位居世界之首，因此马来西亚又被称为"橡胶之国"。人们可以用橡胶来制作橡皮擦、运动鞋、汽车轮胎和家具等等。

THE GUIDING
TOUR AROUND WHOLE
WORLD

游遍世界·中国学生最想去的100个最美的地方

第三章

非洲

　　这是一片广袤的土地，它悠久的历史曾孕育了璀璨夺目的古代文明。这里有狂野奔放的民间音乐和舞蹈；这里有世界上最美丽的金刚石；这里还有誓死捍卫自由与尊严的人民。它就是世界第二大洲——非洲！非洲幅员辽阔，是人类文明的发源地之一。凯鲁万大清真寺、埃及金字塔、拉利贝拉岩石教堂、阿克苏姆巨石柱……这些丰富的文化遗产正在向世界证明，非洲的古老文明与文化积淀无与伦比。走进非洲，你不仅可以饱览古代人类留下的建筑奇迹，还可以观赏到大自然馈赠给我们的无数美景，这里的湖泊、戈壁、沙漠、高原，都将给你留下美好的回忆。

☪ 突尼斯

在很多人眼里，突尼斯有着别样的美。这里"一半是海水，一半是沙漠"，风光旖旎，历史悠久。每年8月是突尼斯最为宜人的季节，世界各地的人都会来突尼斯旅游、度假。

中东与欧洲的天然中介

突尼斯位于非洲大陆最北端，西与阿尔及利亚为邻，东南与利比亚接壤，北靠地中海，隔突尼斯海峡与意大利相望，海岸线全长1300千米。这里地形复杂，北部多山，中西部为低地和台地，东北部为沿海平原，南部为沙漠。由于突尼斯位于地中海东西航运的中心地带，所以它是连通中东与欧洲的重要地区。

突尼斯北靠地中海。

国家档案馆

正式名称	突尼斯共和国
首　　都	突尼斯
面　　积	162155平方千米
人　　口	991万(2004年)
官方语言	阿拉伯语

省→县、市镇

突尼斯划分为24个省，省下设254个县，240个市镇。各省名称如下：卡夫、马赫迪耶、莫纳斯提尔、卡塞林、凯鲁万、艾尔亚奈、巴杰、比塞大、本阿鲁斯、坚杜拜、梅德宁、马努巴、纳布勒、加贝斯、加夫萨、吉比利、斯法克斯、西迪布济德、锡勒亚奈、苏塞、泰塔温、托泽尔、突尼斯、宰格万。

突尼斯被划分为24个省。

北非的"国菜"

古斯古斯是包括突尼斯在内的北非阿拉伯人的传统食品，至今仍是北非地区的"国菜"。这种风味美食主要用颗粒状的大麦面做成，有的也用玉米面制作，看上去就像一颗颗晶莹圆润的珍珠，吃起来香韧可口。当地人常常用一个大铜盘来盛放古斯古斯，它堆得就像一座金黄色的小山，上面撒着一层香料，里面却埋藏着整只整只的鸡或大块的牛羊肉，热气腾腾，香气扑鼻，美味可口，大受人们欢迎。

古斯古斯也可以用玉米磨的面来制作。

时空隧道

突尼斯发展史：突尼斯是一个历史悠久的国家。公元前9世纪，腓尼基人在突尼斯建立起了迦太基奴隶制国家。13世纪，哈夫斯王朝建立了突尼斯国。在这一时期，突尼斯得以迅速发展。1837年，法国殖民者占领了突尼斯，并在这里开始了长达120年的殖民统治，直到1957年7月25日，突尼斯才获得独立，并建立了共和国。

迦太基文明

迦太基是居住在西亚地中海沿岸的腓尼基人在突尼斯境内建立的国家。从公元前6世纪起，迦太基就发展成为覆盖了地中海沿岸大部分地区的贸易帝国，孕育了灿烂的文明。公元前146年，迦太基帝国被古罗马摧毁。可以说，迦太基是地中海文明、古希腊文明和东方文明之间的桥梁，它是地中海世界的一个重要组成部分。迦太基在文化、经济、社会制度等方面都给非洲留下了许多珍贵遗产，对后世产生了深远影响。

辉煌一时的迦太基帝国就位于今天的突尼斯境内。

杜兹位于突尼斯最南端，靠近撒哈拉大沙漠。

撒哈拉联欢节

杜兹位于突尼斯南部，它靠近撒哈拉大沙漠，是一个被沙漠包围的村镇。每年12月的最后一周，著名的撒哈拉联欢节就会在这里举行。节日期间，这里会举行赛马、骆驼赛跑等传统活动，获胜者将会得到至高无上的荣誉。在骆驼赛跑表演中，平时迟钝、缓慢的骆驼会一反常态，犹如插上了翅膀，疾跑如飞，时速可达60千米。傍晚时分，人们会围坐在篝火旁，欣赏着阿拉伯舞蹈，倾听着民间音乐，品尝着香味浓郁的烤羊肉，尽情享受独特的大漠风情。

遥望迦太基古城遗址

腓尼基人兴建的古城

迦太基古城遗址位于突尼斯城东北17千米处，是公元前814年由腓尼基人兴建的，它的历史比罗马城还要早61年。古城曾是地中海沿岸最强盛的奴隶制国家——迦太基的首都，它是北非地中海地区的政治、经济、商业和农业中心。古城内最有名的建筑是一座基督教堂遗址，这也是突尼斯境内最早的基督教堂。

非洲第二大博物馆

巴尔多国家博物馆坐落在突尼斯城西北郊的巴尔多广场上。该馆于1882～1888年建成，是非洲第二大博物馆。馆内有四十多个大厅和长廊，展品共分为史前期、腓尼基时期、罗马时期、基督教时期、阿拉伯伊斯兰时期的艺术品和希腊艺术品六个部分。这座博物馆因珍藏有大量绚丽多彩的镶嵌画而闻名，馆内收藏的镶嵌画约占展品总数的3/5。每年，博物馆都以它丰富的展品吸引着数十万外国游客前来参观。

巴尔多国家博物馆外的古城墙

夕阳下的蓝色小镇

蓝色小镇

西迪·布·赛义德小镇是突尼斯著名的旅游景点，坐落在迦太基和马尔萨两个小城之间的山坡上，景色优美。在这里，一排排白色的房屋依山而建，错落有致，院门多漆成天蓝色，门上用钉子排列出几何图案，展现出了一种粗犷的美。山顶的"西迪·沙巴纳"咖啡馆在游客中享有盛名。它凭海而建，长长的土炕上铺着草席，游人可以在这里享用咖啡、薄荷茶和水烟，观赏山海美景。

"地中海的花园港"

突尼斯古城——苏塞位于地中海马迈特湾南岸。城市分为南北两部分，老城在南区，具有典型的阿拉伯风格，北区则是新建设起来的现代化城市。站在城市高处环顾四周，蓝色的地中海、白墙蓝窗的阿拉伯小楼，层层重叠于山坡之上，掩映在椰枣丛中，共同组成了一幅秀丽的城市风景画，令人心旷神怡。

苏塞老城

北非最大的竞技场遗址

杰姆的古罗马竞技场是北非最大的竞技场遗址，坐落在苏塞城与斯法克斯城之间的杰姆村，建于公元230~238年，是上层贵族观看人兽格斗的场所。这座竞技场全部是用1米长、70厘米宽、50厘米高的大石块建造起来的，有3层拱廊，每一层有60个拱孔，总高36米。竞技场四周看台宽大，有18圈坐台和4层包厢，可容纳观众3.5万人。

竞技场内部

凯鲁万大清真寺

祖克拉风笛

祖克拉风笛是突尼斯颇为盛行的民族乐器。当你挤压它那由山羊皮制成的气袋时，空气就会使每根指管顶端的簧片产生振动并发声。而且，在祖克拉风笛的两根指管上还装有便于声音传播的喇叭。听一曲祖克拉风笛的独奏，可以品味到突尼斯民间音乐的独特韵味。

"第四圣城"

凯鲁万位于突尼斯中东部，北距突尼斯城155千米。来到凯鲁万，只见这里店肆林立，货摊鳞次栉比，商品琳琅满目，叫卖声此起彼伏，凸显出一派醉人的阿拉伯风情。城内的寺庙星罗棋布，这其中最负盛名的莫过于城东的大清真寺。它不仅是北非历史最悠久、规模最大的清真寺，而且还与麦加、麦地那、耶路撒冷的清真寺齐名。凯鲁万也正是因为拥有了它而被阿拉伯世界誉为"第四圣城"。

南非

> 南非风景绮丽，动植物资源极为丰富。不管是原始部落还是具有欧陆风情的小镇，不管是古老的黄金城还是现代化的大都市，这里应有尽有，难怪有人说："游南非，就等于环游世界。"

"彩虹之国"

南非位于非洲大陆最南端，西临大西洋，东临印度洋，面积广阔，是非洲经济最发达的国家之一。南非境内有三种地形：一是内陆高原；二是从内陆高原通往海岸线的斜坡带；三是介于这两种地形之间的陡坡带，它是南非最显著的地形。在这片广袤的土地上，拥有最原始、最淳朴的民俗风情和丰富的动植物资源，它们为南非赢得了"彩虹之国"的美誉。

南非城市风光

国家档案馆	
正式名称	南非共和国
首　　都	开普敦、比勒陀利亚、布隆方丹
面　　积	1219090平方千米
人　　口	4690万(2005年)
官方语言	英语

南非的立法首都——开普敦

省→大都市→地区委员会→地方委员会

南非被划分为9个省，它们是：北开普省、西开普省、东开普省、西北省、自由省、豪登省、夸祖鲁－纳塔尔省、普马兰加省和北方省。各省拥有各自的立法机关和省政府。2002年6月，北方省改名为林波波省。全国共划分为284个地方政府，包括6个大都市、47个地区委员会和231个地方委员会。

世界美食全体验

开普敦是南非美食的发源地。长久以来，这里深受东西方及非洲饮食习惯的影响，形成了自己独特的美食文化。贻贝、牡蛎、鲍鱼、螃蟹、小龙虾、非洲野猪、鸵鸟、山羊、珍珠鸡、羊百叶……这些风格独特的本地佳肴与融合了世界各地口味的美食，在开普敦可谓是应有尽有，可以满足不同人群的要求。而且，这里也流行比萨饼、意大利面食和生鱼片，优质的意大利食品是当地最常见的美味。很多大城市都有口碑不错的希腊、葡萄牙、中国、印度和法国餐馆。

鸵鸟肉排是南非的特色美食之一。

南非的土著居民

南非钻石

作为优雅与高贵的象征，南非钻石的质地无与伦比，受到全世界人民的青睐。南非钻石开采局在递交国会的年度报告中指出，2003到2004年间，南非对外输出1300万克拉的钻石，价值高达12亿美元。现在，南非仍维持着全球第四大钻石生产国的地位，排在博茨瓦纳、俄罗斯和加拿大之后。

激情国度

在南非，人们时刻都可以感受到充满原始野性的激情。在南非的土著部落，当地人会跳起从远古流传下来的舞蹈，表达自己的喜怒哀乐。他们身着用动物皮毛做成的"裙子"，头戴各种羽毛做成的饰物，手持长矛和盾牌，随着节奏明快的鼓点载歌载舞。在南非各大城市的街头，随处可见艺术家在即兴表演，明快的节奏和极富表现力的舞蹈足以让每个游客为之驻足。

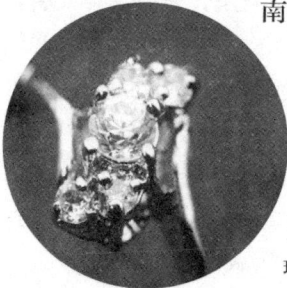
璀璨的钻石

名人堂

纳尔逊·曼德拉（1918年~）：纳尔逊·曼德拉是南非杰出的政治家。他长期不懈地与实行种族隔离政策的政府进行斗争，并于1952年建立了反抗运动组织，其基础是甘地所倡导的非暴力抵抗原则。3年后他组织召开了"南非人民大会"，发表《自由宪章》，要求让一切南非人享有平等的公民权。1994年5月，他成为了南非历史上第一位黑人总统。

辽阔的好望角自然保护区

世界上最繁忙的海上航道之一

好望角是非洲大陆西南端的著名岬角，北距开普敦48 千米，西濒大西洋，东面为福尔斯湾，北连开普半岛。好望角是一条细长的岩石岬角，长4.8 千米。由于它位于大西洋和印度洋的交汇之处，因此，在苏伊士运河尚未开通之前，它就是欧洲通往亚洲的海上必经之地。直到现在，它仍然是世界上最繁忙的海上航道之一。

开普敦的标志

桌山是开普敦的标志，它位于开普敦城区西部，是一组山峰的总称。桌山主峰海拔1082米，山顶却如同桌面一样平坦，长1500多米，宽200多米。桌山植被茂密，是一座天然的动植物博物馆。山上的狮头峰和魔鬼峰是最著名的两处景观，它们就像桌山伸出的两只手臂，紧紧地拥抱着山脚下的开普敦。

远眺桌山

开普敦议会大厦

开普敦最著名的建筑

政府街是开普敦精华荟萃之处，许多图书馆、博物馆、美术馆都点缀在道路两旁，这其中最著名的建筑就是开普敦议会大厦。从1885年起，议会大厦便相继成为开普敦殖民地、南非联邦和南非共和国的立法机构所在地。从1910年以来，这里又成为了南非国家议会的所在地，开普敦也因此被称为南非的"立法首都"。多少年来，这幢并不高大的建筑常常成为人们关注的焦点。

"世界鸵鸟之都"

奥次颂位于小卡鲁地区的中心地带，该镇的人口虽然只有6万，但饲养的鸵鸟却有9万多只，奥次颂因此被誉为"世界鸵鸟之都"。奥次颂的鸵鸟以优质的羽毛闻名世界。在小镇上，凭借经营鸵鸟羽毛而成为富翁的人数不胜数。在奥次颂著名的鸵鸟农场里，游人可以观看到鸵鸟赛跑等比赛，还可以购买鸵鸟蛋。

奥次颂拥有9万多只鸵鸟，是名副其实的"鸵鸟之都"。

美丽的克鲁格国家公园

克鲁格国家公园位于南非的普马兰加省、北方省和莫桑比克的交界地带。整个公园长320千米，宽64千米，有8个入口，所有车辆都可以在园内通行。公园内有草原、森林和灌木丛，还有6条河流穿园而过。在一望无际的旷野里，生存着大象、猴子、犀牛等多种动物。在这里，人们可以充分感受到非洲大陆古朴原始的自然风光。

克鲁格国家公园有大片茂密的森林。

"紫葳城"

比勒陀利亚位于南非东北部的马加莱斯堡山谷地，是南非的行政首都。该市面积不大，市面繁华，街头整洁，风光秀美，有"花园城"之称。在这里，街道两旁种满了紫葳，所以它又被称作"紫葳城"。每年的10~11月，繁花盛开，微风吹过，花瓣飘落，铺满了整个街道，城市便成了紫色的花海，全城还会为此举行长达一周的庆祝活动。

美丽的比勒陀利亚

钻石是财富与权力的象征。

世界上最大的钻石

世界上最大的钻石出自于南非比勒陀利亚市郊卡里南镇的第一钻石矿。这颗钻石美丽非凡，呈蓝白色，通体无瑕。它被切割成一颗重达530克拉的"南非之星"和其他几块小钻石，被视为权力和财富的象征。

THE GUIDING
TOUR AROUND WHOLE
WORLD

游遍世界·中国学生最想去的100个最美的地方

第四章

北美洲

　　北美洲是北亚美利加洲的简称，为世界第三大洲，位于西半球北部，东面是大西洋，西面是太平洋，北面是北冰洋，南端以巴拿马运河为界与南美洲相临。这里多冰川、瀑布、森林、湖泊、温泉、火山等自然风光，旅游资源极为丰富。在欧洲人发现美洲之前，北美洲的土著文明是在与亚欧大陆文明主体相隔绝的状态下，自发产生和发展起来的。欧洲殖民者的到来，为北美洲文明注入了新鲜的血液。从魁北克古城到尼亚加拉瀑布，从高举火炬的自由女神到见证了美国历史的费城独立大厅，这片将古老传说与现代文明合二为一的土地重新焕发了出无穷的魅力！

加拿大

"枫叶之国"加拿大经济发达，资源丰富，气候适宜，是移民的首选之地。到加拿大旅游的最佳时间是每年的5月至10月，这时，你可以看到色彩斑斓的枫叶，它是加拿大的代表。

国土面积第二大国

加拿大位于北美洲北部，东濒大西洋，西临太平洋，北濒北冰洋，南与美国本土毗邻，西北与美国阿拉斯加州接壤，国土面积位居世界第二。加拿大境内有着多姿多彩的地形地貌，巍峨的高山，雄浑的高原，富饶的谷地，众多的湖泊与星罗棋布的岛屿，它们一起构成了加拿大独特而别具魅力的自然风光。

省→市→镇→村

加拿大分10个省和3个地区。省以下设有市、镇、村等行政单位，部分省有郡的建制。这10个省分别是：艾伯塔省、不列颠哥伦比亚省、马尼托巴省、新不伦瑞克省、纽芬兰－拉布拉多省、新斯科舍省、安大略省、爱德华王子岛省、魁北克省、萨斯喀彻温省。3个地区是：西北地区、育空地区和努纳武特地区。

国家档案馆	
正式名称	加拿大
首　都	渥太华
面　积	9984670平方千米
人　口	3242.29万(2006年)
官方语言	英语、法语

风景如画的加拿大小镇

加拿大冰酒

冰酒是大自然赐给葡萄酒爱好者的厚礼，加拿大的安大略省是世界上唯一一个能够常年生产冰酒的地方，这里出产的冰酒拥有最佳的口感。饮用冰酒是一件极为惬意的事，它最理想的饮用温度为14℃，酒液呈金黄色或琥珀色，口感甜美，还带有杏仁、桃、芒果的风味，搭配巧克力、甜点或水果干最为享受。你只需将酒杯斟满至四分之三，就能感受到冰酒甜香扑鼻的绝美气息。

加拿大冰酒

移民之国

加拿大国土面积广阔，经济较为发达，因此这里自然就成了移民的首选之地。1608年，法国人作为第一批欧洲移民来到了加拿大，从此将欧洲文明带到了这片土地。如今，加拿大仍有28%的人说法语，而联邦政府也规定法语和英语同为加拿大的官方语言。20世纪初，越来越多的移民纷纷来到加拿大，其中也包括大批的中国人。

在移民国家加拿大，可以看到各种肤色的居民。

冬季嘉年华

充满浪漫风情的魁北克市，也有热情如火的一面。一年一度的冬季嘉年华，整个魁北克市在为期17天的节庆热潮中，由优雅的古城摇身一变，幻化成狂欢的舞台，吸引了来自世界各地的游客，为北国寂静的冬天增添绚丽的风采。魁北克被誉为"加拿大雪都"，每年的1月下旬这里都会举办冬季嘉年华。嘉年华其实就是狂欢节，每一年都会有特定的主题，并建造符合这一主题的冰宫。节日期间，这里到处都被各色彩灯装点得金碧辉煌，而最受人们欢迎的热门项目要数国际雪雕大赛。

冬季嘉年华中，狗拉雪橇是人们最喜爱的活动之一。

名人堂

诺尔曼·白求恩(1890年～1939年)：诺尔曼·白求恩出生于加拿大安大略省。1936年8月，他随加拿大志愿军去西班牙，为正在进行反法西斯战争的西班牙人民服务。抗日战争爆发后，他率领医疗队来到中国，以高度的责任感和精湛的医疗技术为中国抗日军民服务。后因抢救伤员在手术中不幸感染病毒，于1939年11月12日在河北完县逝世。

渥太华的核心地带

国会大厦位于加拿大首都渥太华的国会山上，是一片意大利哥特式建筑群，于1860年由英国维多利亚女王的王子威尔士奠基，是渥太华的核心地带。大厦东侧为参议院，内部陈设以红色为主，人们称之为"红厅"；西侧为众议院，地毯、座椅等均为绿色，又称"绿厅"。大厦中央区后面是规模庞大的国会图书馆，馆内珍藏着各国的法典和珍贵书籍五十多万册。

渥太华国会大厦

加拿大街头风光

"加拿大艺术之宫"

渥太华国家艺术中心是为纪念加拿大建国100周年，由联邦政府投资兴建的。它位于列多运河西岸的联邦广场上，是一座全封闭式的六角形建筑物。由于艺术中心几乎所有的门窗都掩藏在地下，所以远远看去它就像是一座巨大的山峰。国家艺术中心被誉为"加拿大艺术之宫"，在这里，每年都会举办900多场演出，有近80万人次的观众前来观赏文艺节目。

世界第二大市内公园

史坦利公园坐落在温哥华市区北部的半岛上，占地面积4000平方千米，是世界第二大市内公园。整座公园被碧水绿树包围，还有一条长达10千米的小道环绕着绵延的海岸。这里古树参天，景色宜人，有动物园、玫瑰园、水族馆等场所，还有宽阔的沙滩。值得一提的是，园内有一座维多利亚喷泉，这里飞泉溅玉，水声潺潺，是温哥华儿童集体捐出各自的零花钱建造的。

风景秀丽的公园一角

盖斯镇庄园一景

温哥华最美丽的小镇之一

盖斯镇是温哥华最美丽的小镇之一，它从海港中心东部一直延伸到枫树广场。这里用红砖、鹅卵石铺成的街道看上去古色古香，沿街分布着许多维多利亚时期的建筑物，具有十足的欧洲韵味。镇上店铺林立，有夜总会、艺术品店、古董店、咖啡馆、餐厅等等。在这个古老的小镇上，每到傍晚，路旁的街灯就会散发出橘红色的光芒，为小镇蒙上了一层罗曼蒂克的气氛。

班夫国家公园

加拿大的第一个国家公园

班夫国家公园是加拿大的第一个国家公园，创立于1885年，占地面积达6641平方千米。班夫国家公园内湖泊众多，大名鼎鼎的路易斯湖就在其中，它们就像大自然有意散落的一串珍珠，把园内静静的群山点化得生气盎然。同时，公园内还分布着由温泉改建而成的游泳池和浴池，也是它的一大特色。

"落基山脉的蓝宝石"

路易斯湖

路易斯湖位于班夫国家公园内，被誉为"落基山脉的蓝宝石"。这是因为湖水含有大量的矿物质，在阳光的照射下呈现出清澈的蓝绿色，如同蓝宝石般瑰丽。路易斯湖三面环山，层峦叠嶂，游人可以沿着环绕湖畔的众多小径进行游览，俯瞰山峰下秀丽迷人的湖水和风光壮美的维多利亚冰川。

加拿大风光秀丽，有众多的自然景观。

潮汐落差最大的海湾区

芬地湾位于新不伦瑞克省，是世界上潮汐落差最大的海湾区，圣约翰河的入海口就在这个地方。涨潮时，海湾的高度上升，水流会逆流而上。退潮时，海湾退至河平面以下，河水再次流入海湾。像这样的潮起潮落每天会发生两次，海潮最高可达4层楼高。退潮后，海滩上会留下大量的海螺和海贝。同时，人们在这里还可以欣赏到罕见的逆流瀑布。

独树一帜的滨海建筑

加拿大广场位于温哥华港边，是专为加拿大在1986年召开的博览会所设计的。整个建筑用巨大的帷幕来作外墙，风格独树一帜，有如迎风张开的帆，与蔚蓝的海水交相辉映。广场内有会议中心、商店、酒店及五星级饭店。此外，这里还有一个大剧场，它利用先进的放映技术，使影片效果非常逼真。

加拿大有许多风格独特的建筑。

惠斯勒是滑雪爱好者的天堂。

山中度假村

温哥华以北的山城惠斯勒被黑梳山和惠斯勒山所环绕，是一座美丽的山中度假村，因为这里有许多欧式建筑，所以又有"小瑞士"的美名。惠斯勒山和黑梳山不仅是北美两大滑雪场，而且还是国际顶级的滑雪场地。虽然目前惠斯勒村的总人口只有8600人左右，但在每年的度假旺季，都会有很多游人前来这里滑雪。

古老又现代的城市

魁北克城是魁北克省的首府，位于圣劳伦斯河与圣查尔斯河的交汇处，全城分为新区和老区两部分。新区高楼林立，商业繁荣，一派现代化城市风貌。老区看上去像极了18世纪的法国城市，这里到处都是古老的店铺，店员身着传统服饰，使整个市区充满了古色古香的情调。魁北克城名胜古迹众多，是北美洲的一座历史名城。

古香古色的魁北克市区

北美最古老的教堂

魁北克圣母大教堂是魁北克最大的教堂，也是北美最古老的教堂，大约有350年的历史，呈现出华丽的巴洛克风格。在历史上，这座教堂曾遭受过多次火灾及地震，而我们现在所看到的建筑是1925年重新整建的。教堂最引人注目的地方，就是它顶端的两个尖塔。其内部设计精致典雅，收藏着大量的银器、绘画等珍贵物品。

魁北克郊区风光

"雷霆之水"

尼亚加拉瀑布，位于伊利湖和安大略湖之间的尼亚加拉河上，是世界第一大瀑布，总宽度为1240米，水帘的高度超过了50米，其流量达每秒5300立方米。它位于美国和加拿大的交界处，在加拿大境内的部分呈环状，状如马蹄，落差达49.4米。整个瀑布以雷霆万钧之势直冲河谷，发出万马奔腾般的怒吼，当地人称之为"雷霆之水"。

俯瞰尼亚加拉瀑布

最适合人类生活的地方之一

每年，联合国会从全球174个国家中评选出最适合人类居住的国家，加拿大已经连续6年名列第一。不久前，在瑞士进行的一项以文化、公共服务及自然环境条件等42项指数为参考数据的综合评比中，加拿大的多伦多、温哥华、蒙特利尔和卡加利均被列入前12名。这里的高质量生活每年都吸引了超过20万的移民赴加拿大定居。

美国

美国是一个移民国家，世界各地的移民及其后裔生活在这里，共同建设了这样一个繁荣美丽的国度。美国是世界头号经济、军事强国。除此之外，这里还有许多著名的旅游度假胜地，风光旖旎动人。

辽阔的美利坚

美国位于北美洲南部，东临大西洋，西濒太平洋，北接加拿大，南靠墨西哥，国土面积位居世界第四。这里既有世界上最大的三角洲，也有一系列迂回曲折、错综复杂的山峡和深谷。而且，美国河流湖泊众多，水系复杂，北部的苏必利尔湖、密歇根湖、休伦湖、伊利湖和安大略湖，总面积达24.5万平方千米，是世界上最大的淡水水域。

州→县（市）→镇→村

美国由50个州和1个直辖特区——首都所在地华盛顿哥伦比亚特区组成。州以下设有县（市）、镇、村这几个行政单位，全国共有3024个县。美国的联邦领地包括波多黎各和北马里亚纳，海外领地包括关岛、美属萨摩亚群岛、美属维尔京群岛等。

国家档案馆

正式名称	美利坚合众国
首都	华盛顿哥伦比亚特区
面积	9629091平方千米
人口	2.96亿(2005年)
官方语言	英语

美国大峡谷国家公园冬景

营养、方便的美国饮食

美国人讲究效率和方便，所以他们吃东西一般不在食物的精美细致上下工夫。当地人的早餐一般是烤面包、麦片及咖啡、牛奶、煎蛋等。午餐常常是三明治、汉堡包。晚餐是美国人最为注重的一餐，常吃的菜有牛排、炸鸡、火腿，再加蔬菜，主食有米饭或通心粉等。美国人大都喜欢生吃蔬菜，他们认为这样会摄取更多的营养，而且还可以省时间。

美国人认为生食蔬菜是保留其营养的最佳方式。

财富与梦幻的代名词——好莱坞

现在的好莱坞已经成为了美国电影的代名词。

好莱坞位于美国加利福尼亚州洛杉矶市的西北部。作为美国电影电视业的中心，这是一个象征着财富和梦幻的地方。20世纪以前，好莱坞最初只是一片小村庄。1913年，著名导演西席·地密尔在好莱坞进行了大规模的拍摄活动，并与派拉蒙公司建成了第一个名副其实的摄影棚，标志着电影城——好莱坞的诞生。现在，好莱坞已经成为了美国和世界电影制片业的中心，引导着世界电影产业的发展方向。

感恩节

感恩节是美国最古老的节日之一，时间是每年11月的最后一个星期四。每逢感恩节这一天，全家人会欢聚一堂，围着餐桌品尝烤火鸡。城乡市镇到处都会举行化装游行、戏剧表演和体育比赛等。孩子们会模仿印第安人的模样穿上古怪的服装，画上脸谱或戴上面具到街上唱歌、吹喇叭。当天教堂里的人也格外多，按习俗，人们都要在这里做感恩祈祷。

时空隧道

美国独立战争：1775年~1783年，北美13个英属殖民地发起了反抗英国殖民统治、争取民族独立的战争，这就是北美独立战争。战争不久，华盛顿公开发表《独立宣言》，美国民众得到了极大的鼓舞，并在华盛顿的带领下发誓为自由而战。1781年9月，英军统帅康华利率部7000余人向华盛顿投降，美国独立战争取得了最后的胜利。

英军在约克镇投降。

节日里的休斯顿乡村

华盛顿最美丽、最壮观的建筑

美国国会大厦是华盛顿最美丽、最壮观的建筑，相当于中国的人民大会堂。国会大厦位于华盛顿的中心点，于1793年9月18日由华盛顿总统亲自奠基，1800年投入使用。1814年第二次美英战争期间，它被英国人焚烧，部分建筑被毁，后来增建了参、众两院会议室、圆形屋顶和圆顶大厅。其中，圆顶大厅是国会大厦的心脏，大厅里挂有记录美国历史的巨幅油画。

国会大厦

波托马克河畔的纪念堂

林肯纪念堂坐落在华盛顿市区西部、碧波荡漾的波托马克河畔，是一座仿古希腊帕特农神庙风格的白色建筑。它呈长方形，南北长58米，东西宽36米，高约25米。纪念堂的四周竖立着36根白色大理石廊柱，代表林肯逝世时美国的36个州。纪念堂里有大理石雕成的林肯坐像，他双手放在座椅的扶手上，神情庄重，尽现亲临战场指挥若定的统帅雄风。

杰斐逊纪念馆

造型古朴的纪念馆

杰斐逊纪念馆位于华盛顿市中心。这座造型古朴的纪念馆直径45米，高约29米。建筑师在设计时采用了穹顶环状廊柱结构的庙堂形式，用白色大理石修建而成。入口的门厅上方有一幅浮雕，画面内容是杰斐逊和其他开国元勋亚当斯、富兰克林等人正在为《独立宣言》定稿的情景。馆内有杰斐逊的青铜塑像，高5.77米，竖立在纪念馆中央。全馆设计合理，给人以庄重大方之感。

林肯纪念堂

大自然送给人类的厚礼

奥林匹克国家公园以雨林为最大特色，它位于华盛顿州西北部奥林匹克半岛的中央地区。公园内温和、潮湿的空气带来了大量降雨，使这里的年降水量超过了366毫米，繁茂的温带植物得以在这里生长，冷杉、云杉、铁杉、雪松等布满了整个公园。国家公园内95％的景观仍保持着极其古朴的原始面貌，是大自然送给人类的一份厚礼。

奥林匹克国家公园

冰河湾

马格里冰川从费尔韦瑟山蜿蜒流至冰河湾。

冰河湾位于美国阿拉斯加州和加拿大的交界处，面积为13000 平方千米，包括了2500 平方千米的咸水区和1415 千米长的海岸线。典型的冰川作用使这里拥有丰富的自然景观和完整的生态系统。绵延的高山、水清沙细的海滩、壮观的潮汐现象，都是这一地区的特色景观。

芝加哥水塔

芝加哥的第一历史文物

1871年的一场大火，几乎将整个芝加哥烧毁，唯独一座米黄色的塔式建筑幸存下来，它就是芝加哥的第一历史文物——芝加哥水塔。这座水塔曾经是该城供水系统的枢纽，现在则成为了芝加哥历史的见证。它坐落在密执安大街和芝加哥大街的交角处，用米黄色石块砌成，四角有高高的装饰性石柱。在圆拱形正门的主体建筑之上，依次有3层四方形塔楼、八角形塔身和蓝色圆顶。每层塔楼各带有4根石柱，塔身与圆顶之间建有飞檐，整个水塔还点缀着多扇带有装饰性的长窗，将建筑艺术的美发挥到了极致。

曾经的最高建筑

西尔斯大厦是位于芝加哥的一幢摩天大楼，总共103层，高达443米，可以容纳16500人，堪称世界奇观。它曾取代纽约的帝国大厦，一度成为世界上最高的建筑物。乘高速专用电梯从地面1层到第103层只需55秒钟，顶层望台可供游客俯瞰整个芝加哥市，如遇阴天，会让人觉得仿佛置身于云雾之中。

挺拔的西尔斯大厦

美国的标志性雕塑

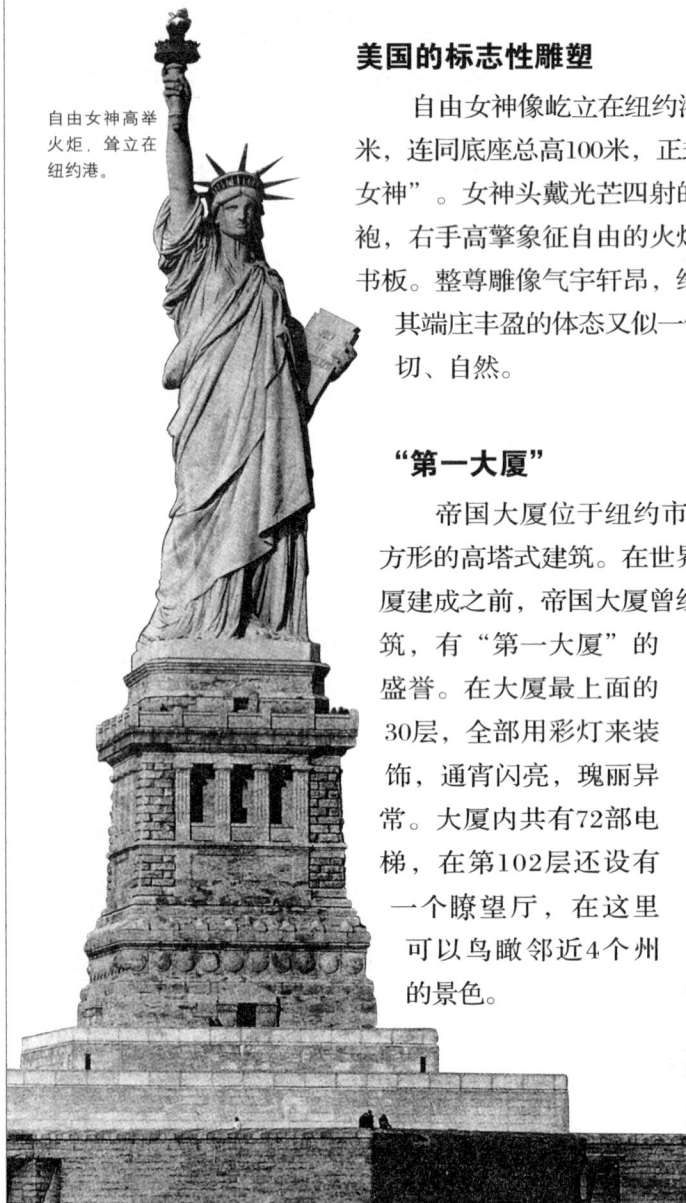

自由女神高举火炬，耸立在纽约港。

自由女神像屹立在纽约港入口处的自由岛上，高46米，连同底座总高100米，正式名称是"照耀世界的自由女神"。女神头戴光芒四射的冠冕，身着罗马式宽松长袍，右手高擎象征自由的火炬，左手紧握《独立宣言》书板。整尊雕像气宇轩昂，给人以凛然不可侵犯之感。其端庄丰盈的体态又似一位古希腊美女，使人感到亲切、自然。

"第一大厦"

帝国大厦位于纽约市曼哈顿区，是一座灰色长方形的高塔式建筑。在世界贸易中心大楼和西尔斯大厦建成之前，帝国大厦曾经是雄视全球的世界最高建筑，有"第一大厦"的盛誉。在大厦最上面的30层，全部用彩灯来装饰，通宵闪亮，瑰丽异常。大厦内共有72部电梯，在第102层还设有一个瞭望厅，在这里可以鸟瞰邻近4个州的景色。

帝国大厦

时代广场一角

纽约的娱乐中心

时代广场是纽约第7大道和第43街相交形成的一个狭长形广场。1904年新年的时候，纽约时代大楼竣工，位于大楼前的广场因此而得名。从这一年起，每到新年来临的时候，人们都会来这里参加在时代广场上举行的新年盛会，这里也就成了纽约的娱乐中心。

华人的第二故乡

在曼哈顿南部的下东城一带有一座中国城，它是当地华人的第二故乡。中国城入口处是一座孔子广场，广场前面有一尊孔子青铜像。街巷两旁全是中国式的建筑，都是朱门碧瓦、雕梁画栋，有的门前还蹲着两只石雕狮子。中国城的招牌、路标都用汉字标识，街区内餐馆商店连片成阵，霓虹灯闪烁耀眼，呈现出一派热闹繁华的景象。

曼哈顿一景

独立大厅

见证美国历史的建筑物

独立大厅位于费城，是美国独立历史公园内最著名的建筑物。从外观上看，这是一座两层红砖楼房，楼顶有一个乳白色的尖塔，尖塔上镶嵌着一面大钟。独立大厅曾是英属殖民地时期宾夕法尼亚州的州政厅。在历史上，这座朴实无华的小楼发挥了重要的作用，著名的第二次大陆会议就在这里召开，会上签署了决定美国命运的《独立宣言》。可以说，独立大厅见证了美国最重要的历史。

环境优美的宾西法尼亚大学

"常春藤盟校"之一

宾夕法尼亚大学位于斯库基尔河以西的大学城，是由科学家富兰克林创办的，也是著名的"常春藤盟校"之一，在美国享有盛誉。该校下设16个学院，最著名的院系有生命科学、商务管理、心理学、工程学、数学等。宾夕法尼亚大学校园宽广，建筑宏伟，多为欧式风格，显得宁静气派。校园内还有富兰克林坐像，是为了纪念这位创办者而塑造的。

壮观的黄石大峡谷

金黄色的大峡谷

在美国西北部的黄石公园内，有一个由黄石河切穿山脉形成的峡谷，这就是壮观的黄石大峡谷。黄石河深深切入谷中，形成了许多激流和瀑布。位于黄石大峡谷源头的高塔瀑布高达40米，水声响彻峡谷两岸。在阳光的照耀下，这里的峭壁呈现出金黄色，仿佛是两条曲折的彩带，景色十分迷人。

梅萨维德遗址

悬崖上的遗址

悬崖宫位于美国梅萨维德国家公园内，是梅萨维德遗址中面积最大的建筑物。悬崖宫的顶端有一个可供四百人居住的村庄，它有两百多个房间、储藏室和会堂，这些房间的墙壁上都装饰着几何图形的壁画，看上去充满了原始质朴的美。虽然这些房舍已经被废弃了七百多年，但从这片遗址我们依然可以想象出村庄当年的模样。

修建于12世纪的房舍群

云杉之屋是梅萨维德国家公园内的第二大建筑，约建于12世纪，共有房舍一百多间，周围还有五百多间古屋，包括太阳庙以及阳台屋、落日屋、方塔屋、雪松屋、回音室等。其中最值得一提的是这里的阳台屋，它是一幢由25个房间构成的楼房，跟现代建筑中的阳台很像，它的名字也由此而来。阳台屋的楼下还有小道通向地穴，每间地穴长3米、宽2.4米，修建得十分隐蔽。

雪后的峭壁房舍

"七彩峡谷"

布莱斯峡谷位于美国犹他州西南部，这里有造型各异的岩石柱和岩石锥。因为这些岩石呈现出不同的颜色，所以它又被称为"七彩峡谷"。绚丽的色彩形成于峡谷岩层中所含的金属元素，如铁、锰等，这些物质长时间暴露在空气中发生氧化，再加上阳光照射角度的变化，岩石的色彩就会随时变幻，呈现出瑰丽夺目的奇幻景致。

绚丽的布莱斯峡谷

大盆地

大盆地位于美国西部内华达山脉和沃萨奇岭之间的沙漠地区，1986年由里根总统确立为国家公园，园内有最著名的冰河松树及岩洞景观。公园内的惠勒峰海拔3981米，它从沙漠盆地中拔地而起，成为内华达州的第二高峰。公园的另一个著名景观便是李曼石灰岩洞，它在1922年被确立为国家纪念物。

内华达州的第二高峰——惠勒峰

世界上最繁忙的桥梁之一

金门大桥位于美国旧金山，建成于1937年，是世界上最大的单孔吊桥之一，它已经成为了旧金山的象征。桥长达2780米，从海面到桥中心的高度约为67米。金门大桥橘黄色的桥梁两端矗立着两座高达227米的巨塔，用粗钢索相连，令整座建筑看起来更加雄伟壮观。金门大桥是世界上最繁忙的桥梁之一，每天都有数以万计的汽车从桥上隆隆驶过。

金门大桥

渔人码头位于旧金山。

热闹的码头

旧金山是美国"最漂亮的城市"，而渔人码头则是旧金山的招牌景点。这个码头原来是意大利渔夫停船的地方，如今已经成为旧金山的旅游胜地。人们走到这里，立刻就可以看到一个画着巨蟹的牌子，这就是渔人码头的象征。现在的码头已经成为一个繁华的街市，到处是出售各种纪念品的小商店，民间艺术家也在这里摆摊出售手工制作的工艺品。

怪石林立的沙漠槽沟

死谷是一条贯穿美国加利福尼亚州东南部的沙漠槽沟。它全长225千米，宽8~24千米，是北美洲最干燥最炎热的地区。夏季的死谷犹如火炉般炎热，几乎不下雨，气温高达43℃。这里沟壑纵横、怪石林立，谷地边缘山峰众多，在阳光的照射下显得绚丽多姿。

死谷

"绿草如茵的水域"

大沼泽地国家公园位于美国南部的佛罗里达州，建于1948年，面积为5670平方千米，是地球上一个独特的、偏僻的、仍待探索的区域。它是一个由石灰岩构成的盆地，由东北向西南方倾斜，盆地覆盖着厚厚的水草。印第安人称这里为"帕里奥基"，意思是"绿草如茵的水域"。其广袤辽阔的湿地是野生动植物生息繁衍的天堂。

秋色怡人的大沼泽地

迪斯尼乐园里精彩的海豚表演。

孩子们最喜欢的地方

迪斯尼乐园位于佛罗里达州，是美国著名动画制作家沃尔特·迪斯尼创立的。这里拥有三个主题游乐园、十个饭店、一个夜总会、三个高尔夫球场、一个水上公园、一个野营地以及一些大规模的会议设施，是全世界的孩子最喜爱、最向往的地方。花车表演是迪斯尼乐园的重头戏，也是这里的传统项目，在每天下午5点举行。另外，这里还经常推出激流勇进、动感电影等娱乐节目。

"龙卷风之乡"

美国被称为"龙卷风之乡"，这里每年都会形成1000到2000次龙卷风，而且强度极大。因为美国东临大西洋，西靠太平洋，南面有墨西哥湾，大量的水汽从东、西、南三面涌向美国大陆，形成了大量雷雨云，当雷雨云聚积到一定强度后，龙卷风就产生了。

远离大陆的生态乐园

夏威夷火山国家公园位于美国夏威夷州，面积达929平方千米，主要包括莫纳罗亚和基拉韦厄两座活火山。它们喷发出的奔腾汹涌的橘红色火山熔岩，是夏威夷火山公园最具特色的景观。这里不但植被繁茂，而且还生存着各种野生动物，它们在此繁衍生息，使这里成为了一个远离大陆的生态乐园。

夏威夷火山国家公园中的地热喷泉

THE GUIDING
TOUR AROUND WHOLE
WORLD

游遍世界·中国学生最想去的100个最美的地方

第五章

南美洲

　　南美洲是南亚美利加洲的简称，位于西半球西部。东面是大西洋，以巴拿马运河为界与北美洲相临，南面隔海与南极洲相望。南美地区原为印第安人的居住地，他们在这里建立了不少王国，留下了辉煌灿烂的古代文明，其中又以印加文明的成就为最大。行走在南美洲这片古文明和新文化并存的、充满野性和激情的大地上，可以游览印加帝国的首都——库斯科和祭祀圣城——马丘比丘；可以仰望莫奇卡人的太阳塔和月亮塔；可以欣赏纳斯卡祖先留下的巨型线条图……数不胜数的旅游景点会引领我们的心灵，从一次辉煌走向另一次辉煌，从一个谜团走近另一个谜团！

墨西哥

墨西哥这个国家既神秘美丽又风情万种，曾经是玛雅文明和阿兹特克文明的发源地。人们先后称它为"仙人掌国度"、"玉米故乡"、"白银王国"和"浮在油海上的国家"。

墨西哥被称为"高原明珠"。

"高原明珠"

墨西哥位于北美洲南部，南美洲西北端，地形以高原为主，全国5/6的地区为高原及山地。东、西、南三面被马德雷山脉所环绕，中央是墨西哥高原，东南为地势平坦的尤卡坦半岛，沿海多狭长平原。墨西哥冬无严寒，夏无酷暑，万木常青，故享有"高原明珠"的美称。

州→市（镇）→村

墨西哥分为31个州和1个联邦区（墨西哥城），州下设有市（镇）、村等行政单位。主要的州有阿瓜斯卡连特斯、北下加利福尼亚、南下加利福尼亚、坎佩切、科阿韦拉、科利马、恰帕斯、奇瓦瓦、杜兰戈、瓜那华托、格雷罗、伊达尔戈、哈利斯科、墨西哥、米却肯、莫雷洛斯等。

墨西哥被分为31个州。

国家档案馆

正式名称	墨西哥合众国
首　　都	墨西哥城
面　　积	1964375平方千米
人　　口	1.06亿（2005年）
官方语言	西班牙语

墨西哥玉米饼

数百年来，玉米一直是墨西哥食品中的主角，而以玉米为原料制成的玉米饼也是墨西哥最有特色的食品。玉米饼用玉米来煎制，煎好后就会形成荷包状，又硬又脆，吃的时候需要蘸点各种口味的墨西哥酱。这些酱汁九成以上是用辣椒和番茄汁调制而成，有的还在里面加入了芒果，吃起来别有一番风味。

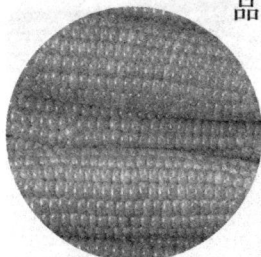

墨西哥人以玉米为主食。

时空隧道

墨西哥独立史：1521年，西班牙人征服了墨西哥。在此后的300年里，墨西哥人民曾多次反抗西班牙的统治。1810年，墨西哥独立战争领袖米格尔·伊达尔戈神父发动起义，标志墨西哥的独立战争从此开始。经过长达11年的努力，墨西哥终于在1821年取得独立，从此翻开了新的历史。

玛雅文明

玛雅文明是美洲三大印第安文明之一，约形成于公元前2500年，在公元3～9世纪达到鼎盛。它涵盖的区域北达墨西哥南部的尤卡坦半岛，南至秘鲁的安第斯山脉。高超的建筑工艺是玛雅文明的一大代表，这一时期的建筑以布局严谨、结构宏伟而著称，达到了古代世界的最高水平。此外，玛雅文明在天文、数学等方面也取得了很高的成就。

在这张图中人们可以清楚地了解到玛雅人的形象和装束。

亡灵节

每年的10月31日，墨西哥人都会欢度亡灵节，它是墨西哥最重要的传统节日之一。在这一天，人们会通过守灵、上贡等方式祭奠逝去的亲人。但是，墨西哥人认为："死亡才能显示出生命的最高意义，它是生的反面，也是生的补充。"所以，人们在祭奠亡灵的时候绝无悲哀，他们会载歌载舞，通宵达旦，代表着与死去的亲人一起欢度节日。亡灵节来临时，人们会在墓地通往村庄或小镇的路上撒满黄色的花瓣，在家门口点上南瓜灯笼，让亡灵顺利归来。在祭祀的时候，还会摆上玉米羹、巧克力、面包、粽子、辣酱、南瓜等供品，让亡灵享用，整个节日充满了印第安民族文化特色。

亡灵节与万圣节十分相似。

阿兹特克文明的重要遗迹

　　霍奇米尔科区坐落在墨西哥高原，是一片与外界隔绝的湖田，这里保存着阿兹特克文明的重要遗迹。当地有大小房屋六千多幢，很多房屋都是用白石砌成的。房屋之间大多靠水道连通，全城有3条10多米宽的长堤与湖岸相连。湖上的独木舟熙来攘往，运送着往来的客人和货物。这里最引人注目的湖田是阿兹特克时期农耕技术中的杰作，目前仍在使用。

泛舟于霍奇米尔科湖

库库尔坎金字塔和千柱群

库库尔坎金字塔

　　库库尔坎金字塔位于墨西哥尤卡坦半岛东北部的奇琴伊查遗址。金字塔高30米，共有365个台阶，象征着一年中的365天。在每年的春分和秋分，日落时，北面一组台阶的边墙会在阳光照射下形成弯弯曲曲的七段等腰三角形，连同底部雕刻的蛇头，宛如一条巨蛇从塔顶游向大地。这个神秘的景观被称为"光影蛇形"。

祭祀太阳神之地

太阳金字塔

　　太阳金字塔位于墨西哥特奥蒂瓦坎遗址的死亡大道东侧，建于公元1～3世纪，它是一个接近锥形的五层建筑，逐层向上收缩，高64.5米，总体积为100万立方米，占地50平方千米，古人就在这里祭祀太阳神。建造金字塔的巨石大多呈深褐色，使整座建筑看上去显得浑厚深沉。金字塔上原来还有鲜艳的壁画，经过长时间的风吹雨打，它们已经剥落殆尽。

祭祀月亮神之地

　　月亮金字塔位于特奥蒂瓦坎遗址的死亡大道西侧，屹立在太阳金字塔旁边。它是祭祀月亮神的地方，建筑风格和太阳金字塔一样，只是规模较小，修建时间比太阳金字塔晚两百年。它坐北朝南，长150米，宽120米，高46米，分为5层。在月亮金字塔外部叠砌的石块上绘有许多色彩斑斓的壁画，塔前的广场可容纳上万人。

月亮金字塔

装饰着蛇头的神庙

　　羽蛇神庙又被古印第安人称为克祭尔夸特神庙。传说克祭尔夸特是托尔蒂克人的第一任君主，被托尔蒂克人尊奉为"空气和水之神"。庙的建成年代较太阳金字塔和月亮金字塔要晚一些，规模也比较小，但它造型精巧，外观华丽，铺砌考究。台阶表面用石料层层拼砌而成，每层都装饰着带羽毛项圈的蛇头，看上去既精致又神秘。

特奥蒂瓦坎遗址上的羽蛇雕像

占卜金字塔

墨西哥人的占卜圣地

　　占卜金字塔位于墨西哥尤卡坦半岛北部的乌斯马尔古城。金字塔高48米，东、西两面都有石阶，南、北面的坡呈椭圆形。东面的石阶比较陡峭，共有121级，可以一直通到顶端平台。西面的台阶虽然也同样陡峭，但却分成了3段，每段有一个较宽的平台。在塔顶上有一座寺庙，寺庙内有三间房，祭司们可以在这里根据星相来进行占卜。

龙舌兰

　　龙舌兰是多年生常绿植物，它对于墨西哥人而言，具有十分重要的意义。在历史上，墨西哥人用龙舌兰的叶子来制造纸张，而如今，龙舌兰最重要的作用是制造龙舌兰酒。这种用龙舌兰叶酿制成的酒是墨西哥的一大特产。

巴西

巴西是南美洲面积最大的国家。辽阔的亚马孙热带雨林、绵长蜿蜒的红色河流、热情奔放的桑巴舞，与闻名世界的足球文化一起，共同缔造了这片充满狂野激情的神奇土地。

辽阔而美丽的国度

巴西位于南美洲东部，东临大西洋，国土面积位居世界第五，境内地形以高原为多，约占领土面积的59%，但海拔超过1200米的部分只占全国领土面积的0.5%。值得一提的是，巴西虽然幅员辽阔，却没有大片的沙漠与冻土，大自然赐予巴西的是茂密的原始森林、广袤无垠的天然牧场以及丰富的地下宝藏。

巴西分为26个州和1个联邦区。

巴西拥有大片的热带雨林。

州→市

巴西共分为26个州和1个联邦区，州下设市。各州名称如下：阿克里、阿拉戈阿斯、亚马孙、阿马帕、巴伊亚、塞阿拉、圣埃斯皮里图、戈亚斯、马拉尼昂、马托格罗索、南马托格罗索、米纳斯吉拉斯、帕拉、帕拉伊巴、巴拉那、伯南布哥、皮奥伊、北里奥格兰德、南里奥格兰德、里约热内卢、朗多尼亚、罗赖马、圣卡塔琳、圣保罗、塞尔希培、托坎廷斯。

国家档案馆

正式名称	巴西联邦共和国
首　　都	巴西利亚
面　　积	8514200平方千米
人　　口	18159万(2004年)
官方语言	葡萄牙语

野性十足的巴西美食

巴西美食在世界上可谓是家喻户晓，吉士蛋糕、烤全牲，原汁原味的热情果、蕃石榴、木瓜等都是它的代表。当地人的主食是米、黑豆和树薯粉，并搭配牛肉或鱼肉。著名的巴西炭烤也是当地人喜欢的食物之一，通常会配上豆类、米饭和蔬菜一起食用。猪肉烩黑豆是巴西传统美食的精髓。品尝时，人们通常会饮用鸡尾酒，它由青柠汁、蔗糖和口感浓郁润泽的甘蔗汁提炼而成，两者一同享用，更能让人体会到鲜美纯正的巴西风味。

巴西美食风靡全球。

名人堂

贝利(1940年~)：贝利原名爱迪生·阿兰德斯·多·纳西曼图，1940年出生于巴西，从小就喜欢踢足球。他不满17周岁便入选巴西国家队，连续4次参加了世界杯，3次被评为"世界最佳运动员"。贝利作为一代球王，积极推动了足球运动的发展。

巴西桑巴舞

从16世纪起，起源于非洲西海岸的桑巴舞就传到了巴西。它在吸收了葡萄牙音乐和舞蹈的艺术风格之后，逐渐演变成别具特色的巴西桑巴舞。这种舞蹈紧张、热烈、欢乐、活泼，舞蹈者的每一块肌肉都在抖动。巴西成立共和国后，桑巴舞逐渐成为了狂欢节上的主角，同时也成为了巴西的象征之一。

桑巴舞同弗拉门戈舞一样著名。

海神节

巴西海神节会在每年的2月2日举行。海神名叫伊曼雅，是非洲人崇拜的偶像。16世纪时，一些非洲人作为奴隶被贩卖到巴西，因饱受磨难，只好举行各种仪式祈求伊曼雅的保护，这就是海神节的由来。现在，它已经成为了巴西最隆重的宗教节日之一。当天，人们会带着准备好的祭品，来到位于萨尔瓦多的里约的维尔梅乌湾，在激昂的桑巴音乐中，出海祭神，欢度节日。

巴西海神节源于非洲人对海神的崇拜。

巴西利亚的最高建筑

在巴西利亚市中心，耸立着一座全城最高的建筑——电视铁塔。这座雄伟的铁塔高244米，比巴黎埃菲尔铁塔低100米，在世界各地的铁塔中排名第四。游人可登上铁塔，乘电梯到达离地175米处的观景台，纵观东西，横望南北，这时，巴西利亚秀丽的城市风光将尽收眼底。

俯瞰巴西利亚

三权广场上竖立有布鲁诺·乔治设计的纪念建筑工人的塑像。

"巴西的神经中枢"

位于巴西利亚的三权广场被称为"巴西的神经中枢"，因为国会、最高法院和总统府都设立在此，这些机构分别代表着国家的立法、司法和行政三种职能。这里的建筑构思大胆、线条优美，其中还有一定的寓意。如右侧平放的碗形建筑是众议院，象征广泛听取民意；左侧倒扣的碗形建筑是参议院，象征着重大问题要集中。总统府前的一尊首都开拓者铜像，象征着巴西人民团结一心捍卫祖国的精神。

耶稣山

科尔科瓦多山高710米，位于里约热内卢蒂茹卡国家公园内，山上古木参天，终年郁郁葱葱。因山顶有一座两臂展开、形同十字架的耶稣像，故又名耶稣山。巨大的耶稣塑像在全市的每个角落都可以看到，是里约热内卢的象征之一。天气晴朗时在这里登高远眺，市区风光和沿岸的海滩美景都可以看到。

位于科尔科瓦多山上的耶稣雕像

世界上最著名的海滩之一

位于里约热内卢的科巴卡巴纳海滩被称为世界上最著名的海滩之一。这里海岸线绵长，水色蔚蓝，浪花雪白，沙滩洁净松软，加上气温适宜，来这里的游人络绎不绝。在这里，蓝色的浪谷和白色的浪峰此消彼长，五彩缤纷的阳伞和各种肤色的人群把沙滩点缀得绚丽多姿。此情此景在灿烂的阳光下相映生辉，如同一幅幅色泽艳丽的油画。

在海滩晒太阳是巴西人最喜爱的休闲方式之一。

世界上流量最大、流域面积最广的河流

俯瞰亚马孙河

亚马孙河是世界上流量最大、流域面积最广的河流，它发源于秘鲁境内的安第斯山脉，横贯南美洲东西。它气势磅礴，汹涌奔腾，在安第斯山脉东麓冲刷出险峻壮观的峡谷。亚马孙河流域的热带雨林大部分位于巴西境内，这里气候炎热，雨量充沛，适宜各种热带植物的生长。据统计，这一地区的植物品种不下5万种，形成了一座巨大的天然热带植物园，被称为"地球之肺"。

南美洲最大的瀑布

伊瓜苏大瀑布位于巴西与阿根廷交界处的伊瓜苏河上，形成于1.2亿年前，是南美洲最大的瀑布，也是世界著名的六大瀑布风景旅游区之一。伊瓜苏大瀑布由275个瀑布组成，最大的一个高达90米，流量为1500立方米/秒，被称为"魔鬼之喉"。

巴西足球在世界体坛享有盛誉。

风景壮观的伊瓜苏瀑布

巴西足球

足球是巴西人文化生活的重要组成部分。对巴西人来说，足球是运动，更是文化。每当重大的国内国际比赛开始时，巴西人常常会举家前往观战，整个城市万人空巷，而赛场却是人山人海。巴西人把足球称为"大众运动"，无论是在海滩上，还是在城市的街头巷尾，都有人踢球。正因为如此，巴西足球才能扬威世界体坛。

秘鲁

秘鲁位于南美洲西部，大自然赋予这个国家多样的地貌、复杂的气候和良好的生态系统。宽广的沙漠，雄伟的安第斯山脉，茂密的丛林，使这个国家拥有了种类繁多的动植物资源。

秘鲁因其特殊的地理环境，被人们称为"南美的西藏"。

"南美的西藏"

秘鲁位于南美洲西部，北与厄瓜多尔和哥伦比亚接壤，东同巴西毗连，南与智利交界，东南与玻利维亚毗连，西濒大西洋，海岸线长2254千米。秘鲁有高耸的群山、潮湿的雨林和干旱的沙漠，紧临海岸地带的是兀自耸立的安第斯山脉，它纵贯南北，山上白雪皑皑，在炎热的南美洲显得格外引人注目，与中国西藏的地理环境极为相似，因此它又被人们称为"南美的西藏"。

国家档案馆

正式名称	秘鲁共和国
首　都	利马
面　积	1285216平方千米
人　口	2722万(2005年)
官方语言	西班牙语

省→州→区

秘鲁的行政区划分为省、州、区三级。全国被分为24个省和1个直属区（卡亚俄区）。省下又包括了194个州和1821个区。各省名称如下：亚马孙省、安卡什省、阿普里马克省、阿雷基帕省、阿亚库乔省、卡哈马卡省、库斯科省、万卡维利卡省、瓦努科省、伊卡省、胡宁省、拉利伯塔德省、兰巴耶克省、利马省、洛雷托省、马德雷·德迪奥斯省、莫克瓜省、帕斯科省、皮乌拉省、普诺省、圣马丁省、塔克纳省、通贝斯省、乌卡亚利省。

秘鲁被划分为24个省和1个直属区。

"大地之锅"

秘鲁有很多别具风味的美食佳肴，"帕恰曼卡"就是其中之一。在当地，帕恰曼卡的意思就是"大地之锅"。在做这道菜时，要在地上挖一个坑，铺上鹅卵石用火烤热，然后在石头上放上各种肉类、土豆、木薯、玉米、豌豆等食物，再铺上芭蕉叶或其他树叶，最后盖上泥土。大约过上两三个小时，带着泥土芬芳的帕恰曼卡就做好了。

独具特色的秘鲁美食

印加帝国遗址

印加文明

印加文明是在南美洲西部、中安第斯山区发展起来的印第安古代文明。"印加"为其最高统治者的称号，意为"太阳之子"。印加帝国大约经历了3个世纪的发展过程，在纺织、冶金、医学、天文、音乐等方面都取得了卓越的成就。建筑是印加文明的一大代表，修建在库斯科城的宫殿、庙宇和城墙均以巨石建造，衔接处没有用灰泥，但至今仍粘贴紧密，显示出了高超的建筑技巧。

时空隧道

秘鲁历史：11世纪时，居住在秘鲁的印第安人以库斯科城为首府，在高原地区建立了"印加帝国"。1533年，印加帝国被西班牙征服，秘鲁沦为西班牙的殖民地。19世纪初，秘鲁爆发了大规模的独立战争，并于1821年7月28日宣告独立。

太阳节中的"印加国王"

太阳节

"太阳节"源于印第安人对太阳的崇拜，于每年的6月24～30日在库斯科举行。每到这一天，库斯科城便热闹异常。印第安人身着节日盛装，从各地涌向库斯科。当名望极高的人装扮成印加国王和王后乘轿来到广场上时，沸腾的人群顿时鸦雀无声，印加王会虔诚地向太阳神敬酒献祭，等大祭司点燃祭坛上的圣火后，人们便会围着圣火跳起欢快的印第安民间舞蹈，把庆祝活动推向高潮。

著名的奥林太坦坡遗址

保存完整的印加古城

沿着比尔加诺塔河向下游走，会看到一片宽阔的山谷，这就是奥林太坦坡遗址。这里有一个宽阔的大广场，广场上矗立着一座威严的石头城堡。登高俯视，可以看见城堡上残留的6块巨石，这就是太阳神庙的基座。遗址上还保留着层层梯田，不难令人想象古代印加人的生活状态。奥林太坦坡遗址是库斯科地区唯一完整保留着印加城市格局和建筑的村落，对古印加文化的研究具有很高的参考价值。

古代印加人的交通干线

古代印加人在人口聚集区建立了连接秘鲁、厄瓜多尔、玻利维亚以及智利和阿根廷部分地区的交通网，全长超过3万千米，这就是印加古道，其中又以从库斯科通往马丘比丘的一段最为著名。这段印加古道全长43千

印加古道

米，以花岗石铺设。它穿越崇山峻岭，沿途景色壮丽，又有多处印加遗址，每年都吸引上千名游客前来这里游览。

远处就是守望者之屋。

俯瞰马丘比丘的最佳点

守望者之屋是位于马丘比丘古城农业区的一处遗址，它是一座有三扇窗户、由茅草盖顶的石屋。由于城市就位于它北侧的山脚下，因此这里成为了俯瞰马丘比丘古城的最佳点。在靠近守望者之屋的地方有一块人工开凿的墓葬石，还有很多古印加人的遗骨和木乃伊。有人推测，这块巨石可能就是用来进行活人血祭的祭坛，可能也是用于制作木乃伊的晒台。

阶梯状的金字塔

公元100~700年，莫奇卡人控制着秘鲁北部沙漠地区的山谷地带，他们建造了一些阶梯状的大型金字塔，莫奇卡金字塔就是其中的代表，它也是当时美洲最大的金字塔。塔的内部装饰着反映宗教典礼的绘画，技艺高超的莫奇卡工匠制造出了很多精美的陶器和金属制品，这些东西都被贵族用作陪葬。

查文遗址

莫奇卡金字塔

古代美洲印第安文化的发祥地之一

查文考古遗址位于秘鲁西部的安卡什省，在西安第斯山脉布兰卡山东坡，海拔3200米左右，这里是古代美洲印第安文化的发祥地之一。查文城内有纵横交错的长廊，高大的兰宋庙和泰优金字塔，还有众多的石碑。这里的很多石头建筑都装饰着兽形雕刻，制作得十分精美。

奇特的纳斯卡巨画

在秘鲁南部的纳斯卡平原上，有一处令人难以理解的奇迹。在方圆350平方千米的范围内，有很多用卵石砌成的线条，勾画出了巨大的鸟兽和各种准确的几何图形，从空中看去仿佛是巨人的手指画出来的，这就是著名的纳斯卡巨画。这其中有一幅长达46米的蜘蛛图，它是纳斯卡地区最动人、最神秘的动物图案之一。

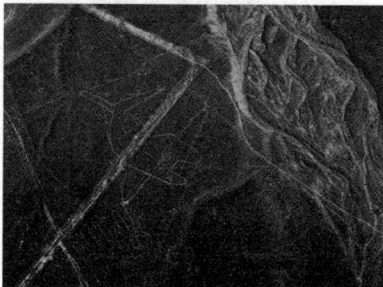

莫奇卡统治者
复原图

纳斯卡巨画

莫奇卡文明

公元100~700年间，位于秘鲁北部海岸的莫奇卡帝国盛极一时。当时，技艺高超的莫奇卡工匠制造出了造型精美的陶器和金属制品，这些东西大量用作莫奇卡贵族的随葬品。除此之外，莫奇卡人还建造起了阶梯状的大型金字塔，可与埃及金字塔齐名。

阿根廷

阿根廷在西班牙语中意为"白银"，这里处处洋溢着欢乐与热情，奔放的探戈舞、诱人的烤牛肉、壮观的伊瓜苏瀑布……这些都为我们展现出了绚丽多姿的阿根廷风情。

南美第二大国

阿根廷位于南美洲南部，东濒大西洋，是南美的第二大国，它占据了南美大陆南部安第斯山脉和大西洋之间的大部分地区。阿根廷地势西高东低，东部为冲积平原，海拔不到200米；中部和东南部为辽阔宽广的潘帕斯大草原，这里地势低平，土壤肥沃，是阿根廷物产最富饶的地区；北部为格兰查科平原，多为沼泽地；南部是巴塔哥尼亚高原，这是一个绵延起伏的半沙漠地区，河流稀少。

阿根廷占据了安第斯山脉的大部分地区。

省

阿根廷由22个省、1个地区和1个联邦首都组成。各省名称如下：布宜诺斯艾利斯、圣非、科尔多瓦、门多萨、图库曼、恩特雷里奥斯、查科、科连特斯、萨尔塔、圣地亚哥德埃斯特罗、米西奥内斯、圣胡安、胡胡伊、里奥内格罗、福莫萨、丘布特、圣路易斯、内乌肯、拉潘帕、卡塔马卡、拉里奥哈、圣克鲁斯。

阿根廷被划分为22个省。

国家档案馆	
正式名称	阿根廷共和国
首　　都	布宜诺斯艾利斯
面　　积	2780400平方千米
人　　口	3626万(2001年)
官方语言	西班牙语

阿根廷烤牛肉

　　烤牛肉是阿根廷的国菜，到这里旅游不得不尝。当地人非常喜欢吃牛肉，年人均消耗量高达五十多千克。这里的居民不仅家家都有烤炉，外出郊游时也会携带肉和调料到郊外进行烧烤。阿根廷烤牛肉鲜嫩可口，注重原味，牛肉绝不事先腌制，只是在烤的时候放一点点盐，然后直接用炭火烧烤而成，食用时伴以色拉和红葡萄酒，更能感受到烤牛肉的独特风味。

阿根廷烤牛肉

名人堂

　　切·格瓦拉(1928年～1967年)：切·格瓦拉原名埃内斯托·格瓦拉·德拉塞尔纳，出生在阿根廷罗萨里奥市一个庄园主家庭。在其39年的短暂生命中，他为了实现自己的理想，走遍了南美洲的各个角落。他参加了危地马拉的民主革命斗争，跟随卡斯特罗在古巴开展游击战争，直至最后在玻利维亚战败身亡，其一生轰轰烈烈，被人们称为"拉美丛林游击战之父"。

含蓄深沉的探戈

　　在阿根廷，最能体现其民族文化迷人风情的就要数探戈舞。探戈是阿根廷的国舞，自1885年在布宜诺斯艾利斯市的博加港诞生以来，很快就风靡世界各地。作为探戈的发源地，阿根廷的探戈舞风格含蓄、洒脱，再加上深沉、忧伤、惆怅的探戈曲调，将南美风情的典雅与浪漫表现得淋漓尽致。

深沉含蓄的探戈

葡萄是阿根廷人的最爱。

葡萄节

　　每年的2月22日～3月9日是阿根廷的传统节日——葡萄节。每当节日来临之际，人们都会身着节日服装，载歌载舞，随着彩车游行。葡萄节的高潮是全国选美比赛，每年都有近6万名女子参加选美。经过多次筛选，最后胜出者会获得"葡萄女王"的桂冠。选美结束后还要举行西班牙绘画、雕塑等艺术展和盛大的探戈舞表演。

布宜诺斯艾利斯市的重要标志

在七月九日大街和科连特斯大街的交叉处有一个巨大的圆形广场，它的中央是一座高达72米的方尖碑，这座碑是为了纪念布宜诺斯艾利斯市建城400周年而修建的。在建成之初，很多人并不欣赏它的建筑风格，有人甚至主张将它拆掉。但随着时间的推移，它逐渐被人们所接受，并成为布宜诺斯艾利斯市的重要标志。这里还是摇滚乐队进行露天演出时的首选场所。

位于布宜诺斯艾利斯的方尖碑

马德普拉塔是阿根廷人首选的度假胜地。

"银海"

马德普拉塔意为"银海"，位于布宜诺斯艾利斯以南40千米处，是阿根廷人首选的度假胜地。市内有许多古老的西班牙式建筑，行走其间，仿佛来到了欧洲。这里旅游设施完备，有九百多家旅馆、五百多家餐厅、三十多家电影院和剧院。另外，这里还有设施优良的马球、足球、网球和高尔夫球场。在马德普拉塔，每一片沙滩都有自己的名字，但其中有不少是私人领地，只对个人或俱乐部成员开放。

奇特的冰川公园

阿根廷冰川国家公园

阿根廷冰川国家公园位于阿根廷南部，是一个奇特而美丽的自然风景区，它的著名在于这里拥有活动的冰川。它们足足有4千米长，游人可以乘坐巨大的吊车升至300米高，一睹它们的风采。此时，巨大的冰川近在眼前，它们会慢慢地从你身边漂过，并不时发生崩塌。在国家公园内，还生活着骆马、阿根廷灰狐狸、澳大利亚臭鼬、安第斯秃鹰、野鸭、黑脖雀等珍稀动物。

冰与水的结合

阿根廷湖

阿根廷湖是一个坐落在阿根廷南部圣克鲁斯省的冰川湖，面积达1414平方千米。在地球上，除了南极大陆之外最大的一片被冰雪覆盖的陆地，就是巴塔哥尼亚冰原。47条发源于这里的冰川互相撞击，缓缓向前移动，最后全部汇集到阿根廷湖，形成了独特的冰山景观。加之湖畔山峰环绕，林木茂盛，使得阿根廷湖的景色更加秀丽迷人。

海洋动物的家园

在阿根廷中部有一个名叫瓦尔德斯的美丽半岛，它由一系列的海湾、悬崖、滩涂、海岸和岛屿组成，海岸线长达400千米。这里是全球海洋哺乳动物的重点保护区，也是南美海象、海豹和海狮进行繁衍生息的理想场所。从巨大的抹香鲸到轻盈的海鸥，从威武的海狮到温顺的企鹅，都可以在这里找到丰富的食物。据统计，岛内的鲸已经达到了2700头。

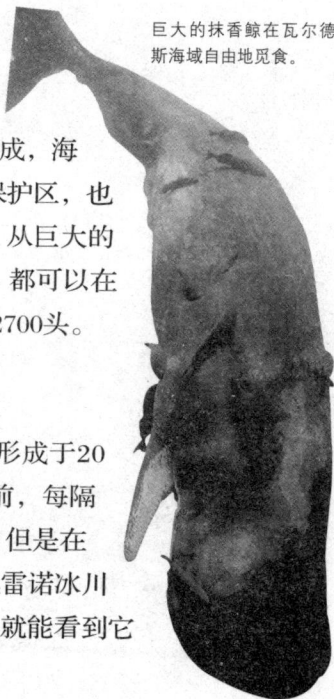

巨大的抹香鲸在瓦尔德斯海域自由地觅食。

世界上少数可以活动的冰川之一

莫雷诺冰川位于阿根廷圣克鲁斯省境内，大约形成于20万年前，是世界上少数可以活动的冰川之一。20年前，每隔两年莫雷诺冰川才会出现冰雪融解的"崩溃"现象。但是在今天，南极地区因为温室效应导致气温骤然升高，莫雷诺冰川融化的速度开始变得非常快。游客只须等待20分钟，就能看到它噼里啪啦、势如山倒的"崩溃"场面。

莫雷诺冰川

马黛茶

不管有没有到过阿根廷的人，一提起这个国家，就会想起马黛茶。如同探戈、足球和烤肉一样，马黛茶也成为了阿根廷的标志之一。它含有蛋白质、维生素、镁、铁等多种微量元素，具有降火消热、补充体力的功效。当地人无论是工作还是闲聊，总会有人泡上一壶马黛茶，轮流饮用。就算是在公园和陌生人说几句话，他们也会把手里的茶壶递过来让你饮上几口。因为在阿根廷人的观念里，只有这样喝马黛茶，才能喝出感觉，喝出味道。

THE GUIDING
TOUR AROUND WHOLE
WORLD

第六章

大洋洲

大洋洲，意为"大洋中的陆地"，是世界上面积最小、分布最为零散的大洲。它西濒印度洋，东临太平洋，保持了较为原始的自然风貌，有广阔的沙漠和草原，动植物资源丰富。世界上规模最大、景色最美的珊瑚礁群——大堡礁，绵延于澳大利亚昆士兰州东南海岸的弗雷泽岛、峰峦陡峭洞谷幽深的蓝山、被称为"太平洋温泉奇境"的罗托鲁阿－陶波地热区、有着原始森林和珍奇野生动物的卡卡杜国家公园、在旭日照射下如同火焰一般鲜红明艳的艾尔斯巨石……大洋洲因其独特的地理位置，给世人留下了无数壮丽绚烂的自然美景。这些令人称奇的旅游景观将在本章内逐一为你展现。

澳大利亚

澳大利亚所处的澳洲大陆是世界上最古老的大陆之一，世代生活在这里的土著人与来自世界各地的移民共同营建着这片土地，使它展现出了绚丽而独特的文化魅力。

大陆岛国

澳大利亚境内的阿纳姆高原

澳大利亚地理位置独特，它位于南半球，在大西洋南部和印度洋之间，领土包括澳大利亚大陆和塔斯马亚岛两部分。澳大利亚地广人稀，四面环水，风景美丽，海岸线长达36700千米，是目前世界第六大国。相对于其他各洲，由于这里没有特别高的山脉阻隔，加之大洋环绕带来的调节作用，所以澳大利亚没有极冷或极热的气候。此外，澳大利亚还是世界上最古老、最平坦的大陆之一，长期与其他大陆分离，使澳大利亚成为了有袋动物的圣地，袋鼠、树熊、鸭嘴兽等在这里都有分布。

州

澳大利亚共分为6个州和两个地区。这6个州分别是：新南威尔士、维多利亚、昆士兰、南澳大利亚、西澳大利亚、塔斯马尼亚。两个地区是：北部地方、首都直辖区。

著名的洛德豪群岛位于澳大利亚新南威尔士州。

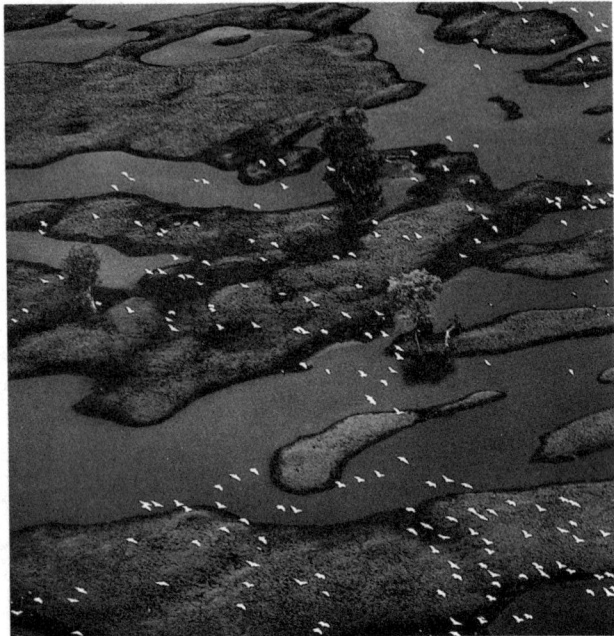

国家档案馆

正式名称	澳大利亚联邦
首 都	堪培拉
面 积	7692000平方千米
人 口	2051.86万(2006年)
官方语言	英语

澳洲美食：滋味甜蜜蜜

澳大利亚被称为"骑在羊背上的国家"，这里的乳制品滋味香浓、营养丰富。在当地，最受人们欢迎的就是扭结糖，它的主要用料是黑色和白色的巧克力，然后再加上果仁、葡萄干、爆米花等作为点缀，可以被做成各种形状。过圣诞节的时候，当地人会用扭结糖来做圣诞蛋糕，它看起来就像一座在瞬间被凝固的火山。切一小块放到嘴里，立刻就可以感受到那种纯粹的甜蜜奶香，使人联想起澳大利亚的蓝天绿地。

澳大利亚的奶制品非常有名。

时空隧道

澳大利亚建国史：1768～1771年，英国一直在寻找安置犯人的殖民地。1788年，英国舰队到达了悉尼港，在随后的几年中，他们在这里建立了6个殖民定居点，并给这块大陆起名为"澳大利亚"。1901年1月1日，原先的6个殖民地组成了联邦，即澳大利亚联邦。这时的澳大利亚开始成为一个独立的民主国家。

"每一幅画都讲述了一个故事"

土著人已经在澳大利亚生存了五万余年，绘画是他们记录历史传说、图腾及宗教信仰的载体。他们把艺术作为交流方式，遗留在澳大利亚的石刻、洞穴绘画、树刻、飞镖和人体绘画就是对这一方式的最好体现。当地人在沙子、土地、石头或树木表面进行的绘画和雕刻都充满了深刻的含义。许多土著人都用绘画来记录与他们部落有关的故事，同时也记录了他们个人的生活和梦想。"每一幅画都讲述了一个故事"，这几乎成了土著人进行艺术创作的一种真谛。

澳大利亚土著人留下的壁画

澳大利亚赛马节

澳大利亚人最热衷的运动就是赛马。每年11月的第一个星期二，就是澳大利亚人最盛大的节日之一——墨尔本杯赛马节。在此期间，墨尔本的佛莱明顿赛马场热闹非凡，同时它也成为了上流社会的社交场所。在节日当天，所有去观看的人全部都会身着欧洲传统服饰，男士们穿燕尾服，女士们则会穿上漂亮的裙装。而且，她们都会戴上一顶色彩鲜艳，插有鲜花或羽毛的大帽子。对她们来说，在跑马场边举行的帽子比美简直比赛马本身更为重要。

激烈的赛马比赛

悉尼歌剧院

澳大利亚的标志性建筑

悉尼歌剧院是澳大利亚的标志性建筑，建于1973年。它坐落在悉尼市的贝尼朗岬角上，外形犹如一组扬帆出海的船队，屋顶上数以万计的白色瓷砖巧妙地层层叠起，就像停泊在港湾中的片片白帆，美不胜收。歌剧院是一个建筑群，里面有一个可容纳1547人的歌剧厅、一个可容纳2690人的音乐厅和一个可容纳400人的话剧场，还有酒吧、餐厅、电影院、艺术廊和图书馆等，内部结构完善合理，装饰得富丽堂皇。

太平洋的花冠

大堡礁是世界上最大的珊瑚礁区，被誉为"举世奇观"，是世界七大自然奇景之一。它位于南太平洋珊瑚海西部，北起托雷斯海峡，南至弗雷泽岛附近，沿着澳大利亚东北部昆士兰州的海岸线，绵延2012千米，宛如一道天然海堤，总面积达20.7万平方千米。大堡礁约有600个大小岛屿，由350多种绚丽多姿的珊瑚组成，红、橙、黄、绿、青、蓝、紫，各色俱全。珊瑚造型千姿百态，从上空俯瞰，礁岛宛如艳丽的花朵，在碧波万顷的大海上怒放。

俯瞰壮观的大堡礁海域

矗立在沙漠中的岩塔

岩塔沙漠

岩塔沙漠位于珀斯以北250千米处，在临近澳大利亚西南海岸的楠邦国家公园内。这片沙漠干旱荒凉，人迹罕至。沙漠中岩石林立，它们看上去就像一座座尖塔，这片沙漠也由此而得名。形态各异的岩塔，有些大如房屋，有些细如铅笔，遍布于茫茫黄沙之中，多得难以计数。近年来，这片岩塔沙漠壮观而苍凉的景色，仿佛有一种神秘的诱惑力，吸引着世界各地的探险者。

海洋动物的港湾

沙克湾位于珀斯以北800千米处，临近印度洋，面积为21973平方千米。沙克湾由一系列南北走向的岛屿群组成，由于它地处热带和亚热带之间，给海洋生物提供了良好的生存环境，所以成为了各种洄游性鱼类的必经之处。同时，沙克湾内还生长着12种海藻，它们分布面积广阔，达到了4800平方千米。透过清澈的海水，人们可以看见墨绿的群生海藻，它们显得美丽又壮观。

沙克湾一景

卡卡杜国家公园

奇特的卡卡杜岩石壁画

卡卡杜国家公园位于澳大利亚北部的达尔文市以东250千米处，以前是一个土著自治区，1979年被划为国家公园。公园内的洞穴里有很多奇特的岩石壁画。这些壁画用不同颜色的矿物质涂抹而成。壁画的内容反映了当地土著先民的生活和生产情况。这里还有不少造型奇特的人体壁画，画中人的头呈倒三角形，躯体与四肢很长。它们究竟代表什么含义，至今也无人知晓。

红色的沙漠公园

乌卢鲁国家公园处于澳洲大陆中部，面积达1325平方千米，主要由艾尔斯巨石和奥尔加山组成，"乌卢鲁"就是土著人对艾尔斯巨石的尊称。这里气候干燥，沙漠广布，呈现出一片火红色。研究表明，这一地区经历了亿万年的高温干旱，增强了地表的氧化作用，红色就是氧化铁类物质覆盖地表的结果。虽然这里环境恶劣，但每年都会有很多人来这里观赏大漠日出。而且，许多澳大利亚独有的动植物，如袋鼠、鸸鹋、猴面包树等，都在乌卢鲁国家公园里繁衍生息。

旭日初升时，艾尔斯巨石一片火红。

随着时间的变化，巨石会呈现出不同的颜色。

会变色的巨石

乌卢鲁国家公园里静卧着一块世界上最大的单体岩石——艾尔斯巨石。它正好耸立在澳大利亚的中心，四周为平原，大有顶天立地之感。巨石高348米，长3000米，宽2500米，显得雄伟壮观。最奇特的是，它的颜色会随着不同的天气和光线而改变。黎明时，岩石表面如同繁星撒落。一旦红日从地平线上升起，岩石就会变得越来越红，好像被放进了火炉里，红得没有半点瑕疵。傍晚，太阳降落，它就会从紫红色逐渐变成紫罗兰般的深紫色，景象十分壮观。

澳大利亚最大的自然保护区之一

西塔斯马尼亚国家公园群位于澳大利亚南部的塔斯马尼亚岛，是澳大利亚最大的自然保护区之一，面积7694平方千米。它经过强烈的冰川作用形成，主要包括西南国家公园、富兰克林–夏戈登·威尔德河国家公园和克雷德尔山–圣克莱尔湖国家公园三部分，几乎全部是人类尚未开发的处女地。

鸟瞰西塔斯马尼亚国家公园

干涸的艾尔湖

艾尔湖位于澳大利亚中南部，它由两个部分组成。较大的称为北艾尔湖，长144千米，宽65千米，是澳大利亚最大的湖泊；较小的称为南艾尔湖，长46.5千米，宽约19千米，两湖之间由狭窄的戈伊德水道相连接。现在，这两个湖在一年当中的大部分时间都是干涸无水的，湖底布满了盐层。

艾尔湖的湖岸

垂钓者的乐园

在塔斯马尼亚中西部有众多的湖泊，其中最深的就是圣克莱尔湖。这里沿途景色绝佳，是世界旅游者的最爱。圣克莱尔湖也是澳大利亚最适合钓鳟鱼的地方，每年夏季，很多钓鱼爱好者都会来到这里，在美丽的湖畔悠然垂钓，并享受烧

圣克莱尔湖一景

烤鳟鱼的野味大餐。湖区内还栖息着不少澳大利亚独特的野生动物和鸟类，这其中又以被称为"塔斯马尼亚恶魔"的袋獾最为出名。

赫利尔湖

粉红色的湖泊

赫利尔湖位于澳大利亚南海岸的一个小岛上。从空中俯瞰，粉红色的赫利尔湖就像一块椭圆形蛋糕上的糖霜，为岛上茂密的森林平添了几分色彩。这个宽约600米的咸水湖边缘都是白色的盐带，四周是深绿色的桉树林，再向外则是一条狭窄的白色沙带，将它与深蓝色的海水隔离开来。1950年，一批科学家来到这里，调查湖水呈粉红色的原因，但至今仍未能找到答案，使它成为了一个不解之谜。

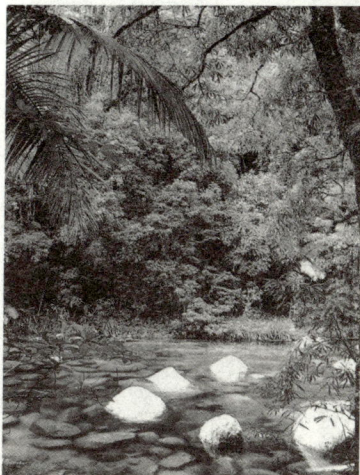
昆士兰雨林

世界少有的自然美景

昆士兰湿热地区位于澳大利亚东部的昆士兰州，1988年被列入《世界遗产名录》。它位于澳大利亚的东北端，绝大部分地区由潮湿的森林组成。这里的环境特别适合于不同种类的动植物生存，同时也给那些稀有的濒危动植物提供了良好的生存条件。崎岖的山路、浓密的热带雨林、湍急的河流、深邃的峡谷、绚丽的珊瑚礁，构成了昆士兰湿热地区独特的美景。

世界上最大的沙岛

弗雷泽岛位于昆士兰海岸，是世界上最大的沙岛。岛长124千米，整个形状就像是一只长筒靴。弗雷泽岛上耸立着许多红色、黄色和棕色的砂石悬崖，它们被风浪冲刷成了锥形和塔形的岩柱。在这些悬崖后的平地上，生长着种类繁多的植物。有棕榈、柏树、桉树、南洋杉以及非常珍贵的考里松等。弗雷泽岛还是鸟儿们的天堂，这里的鸟类多达240种。

弗雷泽岛

蓝山山脉国家公园

蓝雾缥缈的山脉

蓝山山脉国家公园位于悉尼以西65千米处，是澳大利亚新南威尔士州一处著名的旅游胜地。蓝山其实是一系列高原和山脉的总称，因为山上种植着不少桉树，树叶释放的气体堆聚在山间，形成了一层蓝色的薄雾，蓝山因此而得名。在蓝山脚下的卡通巴城附近，怪石林立，这里有著名的三姐妹峰、吉诺兰岩洞、温特沃思瀑布、鸟啄石等风景名胜。

三姐妹峰

三姐妹峰耸立在山城卡通巴附近的贾米森峡谷之畔，高达450米。这三块巨石俊秀挺拔，如少女并肩而立，故名三姐妹峰。传说这是巫医的三个美丽女儿的化身。为防歹徒加害，其父用魔骨将她们点化为岩石。谁知巫医在与敌人的搏斗中，丢失了魔骨，无法使她们还生。现在这里常见琴鸟飞翔，传说它们就是巫医的化身，它仍在寻找魔骨，希望帮助女儿化为人形。

蓝山山脉的三姐妹峰

遍布条纹的山脉

彭格彭格山脉位于澳大利亚西部的奥德河平原上，占地约450平方千米。这里的圆顶山丘上布满了虎皮状的条纹，每当低斜的阳光照射到这些条纹上时，山峰和峡谷就会呈现出一幅梦幻般的图画。研究表明，岩石上鲜明的条纹是风化形成的。在这里，新露出的砂岩呈白色，而岩石缝里渗出来的水却给它涂上了一层石英和黏土。这些石英和黏土不断生成，又不断裂开，其中的铁质就留下了一条条黄色的痕迹，远远看去，就好像虎皮上的斑纹。

彭格彭格山脉

巨大的"拇指印"

戈斯峭壁是彗星撞击地球造成的。

戈斯峭壁位于艾丽斯斯普林斯以西160千米的米申纳里平原上，它形成于13000万年前的一次彗星撞地球。从人造卫星拍摄的照片来看，戈斯峭壁像是有人在米申纳里平原上按了一个巨大的拇指印一般。像大多数类似的陨石坑一样，戈斯峭壁也有从中心向四周辐射的地质裂缝。在风化过程中，岩石沿裂缝分开，形成了锥形的碎裂锥。

波浪般的岩石

在澳大利亚西部的海登城附近，有一个名叫海登岩的巨大岩层。它的北端有一个向外伸悬的岩体，岩体高达15米，长约110米，被称为波浪岩。它高低起伏自然，就像一片席卷而来的波涛巨浪，相当壮观。波浪岩大约在25亿年前形成，风雨的冲刷和早晚剧烈的温差，将构成波浪岩的花岗石塑造成了今天这个模样。

波浪岩

树袋熊

树袋熊又名考拉，是澳大利亚特有的珍稀动物，属有袋哺乳类。它性情温顺，体态憨厚，长相酷似小熊且四肢粗壮，善于攀树，整日以树为家。白天，树袋熊将身子蜷作一团栖息在桉树上，晚间才外出活动。它只以桉叶为食，一只成年树袋熊每天能吃掉1千克左右的桉树叶。桉叶汁多味香，因此，树袋熊的身上总是散发着一股馥郁的桉叶香味。

图书在版编目（CIP）数据

游遍世界／龚勋主编． —汕头：汕头大学出版社，
2012.2（2021.6重印）

（中国学生最想去的100个最美的地方）

ISBN 978-7-5658-0653-7

Ⅰ．①游… Ⅱ．①龚… Ⅲ．①旅游指南-世界-青年读
物②旅游指南-世界-少年读物 Ⅳ．①K919-49

中国版本图书馆CIP数据核字（2012）第020838号

游遍世界 （中国学生最想去的100个最美的地方）

YOU BIAN SHIJIE ZHONGGUO XUESHENG ZUIXIANG QU DE 100 GE ZUIMEI DE DIFANG

总 策 划	邢 涛	印 刷	唐山楠萍印务有限公司	
主 编	龚 勋	开 本	705mm×960mm　1/16	
责任编辑	胡开祥	印 张	10	
责任技编	黄东生	字 数	150千字	
出版发行	汕头大学出版社	版 次	2012年2月第1版	
	广东省汕头市大学路243号	印 次	2021年6月第7次印刷	
	汕头大学校园内	定 价	34.00元	
邮政编码	515063	书 号	ISBN 978-7-5658-0653-7	
电 话	0754-82904613			